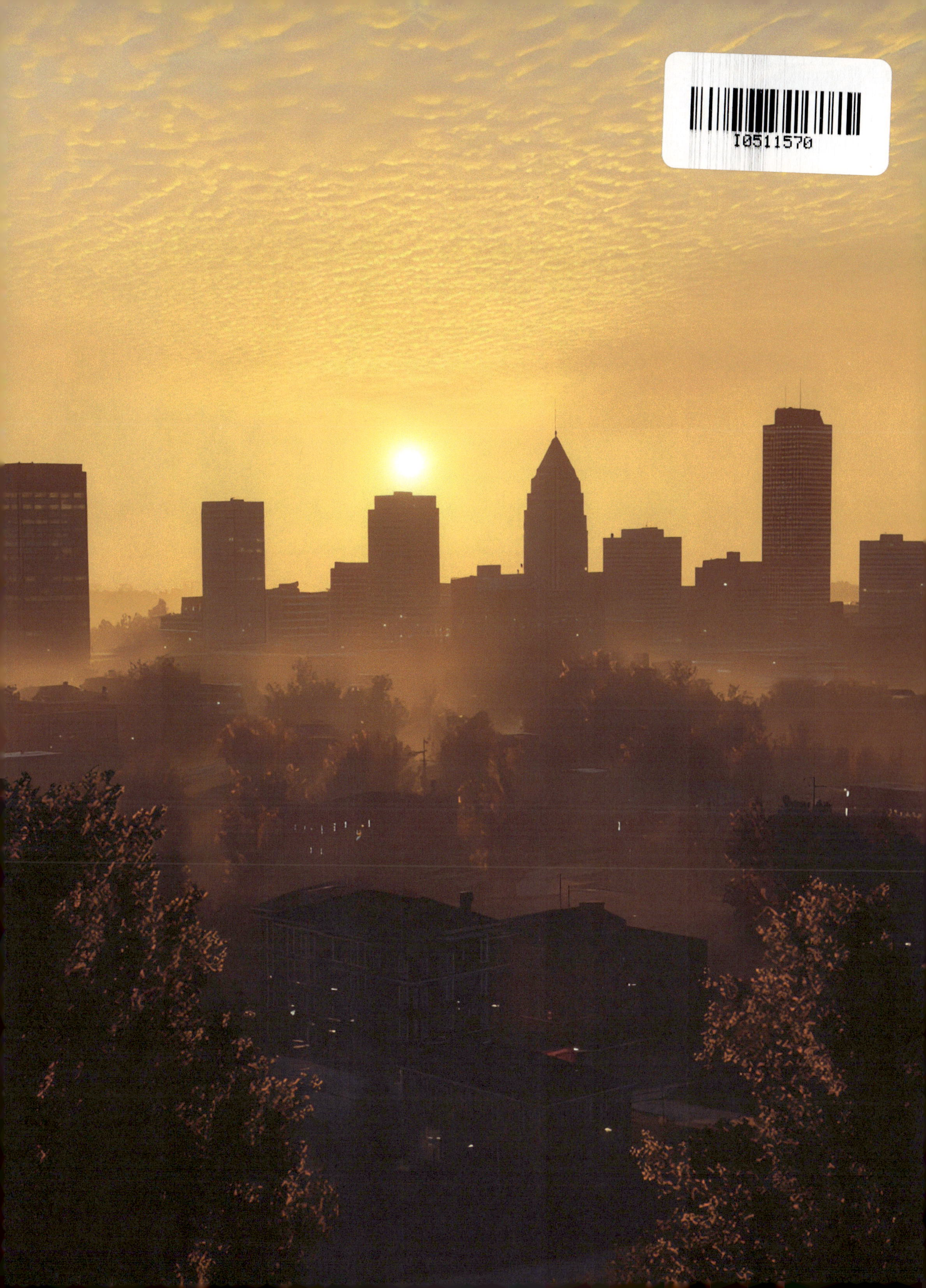

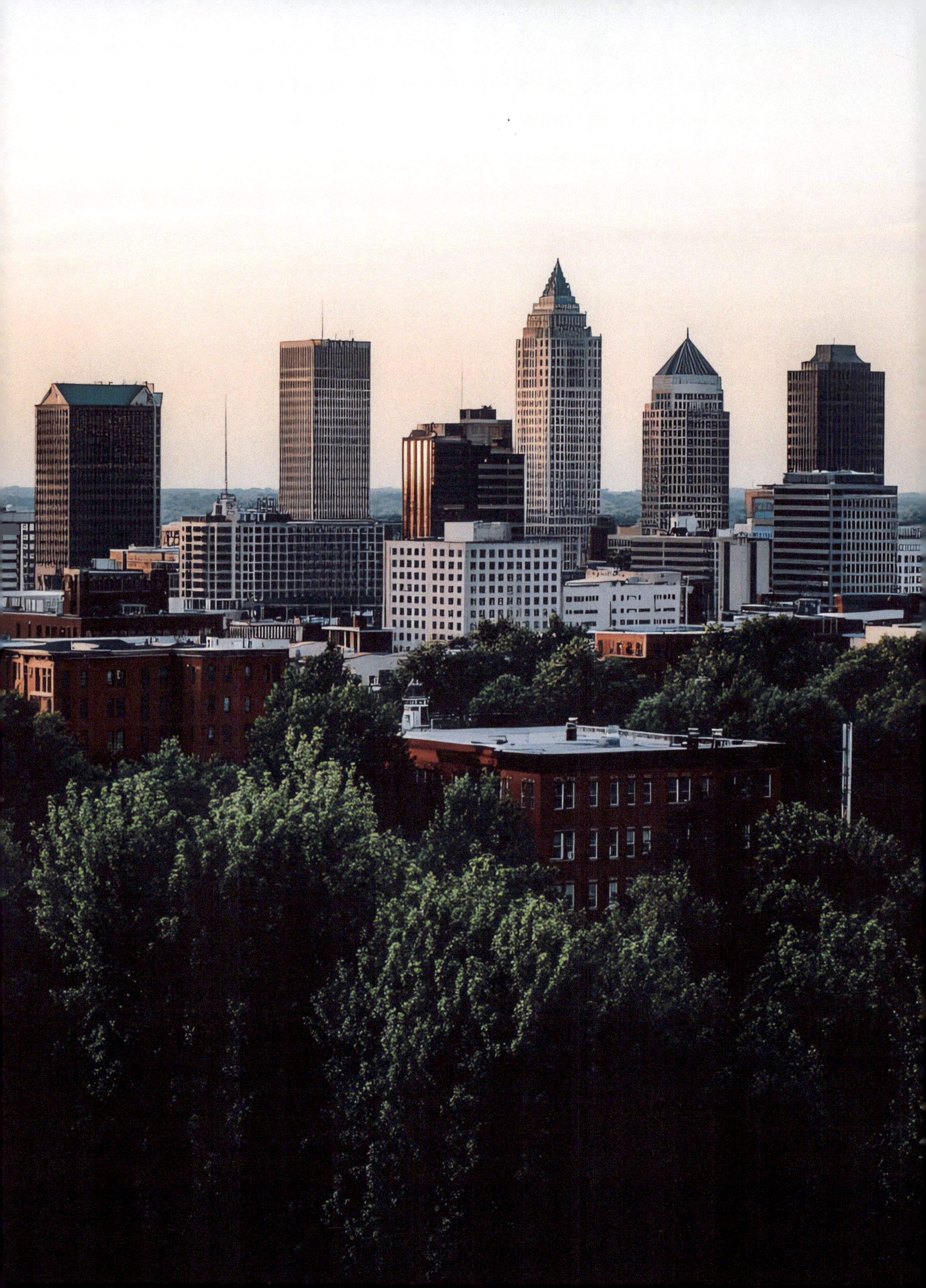

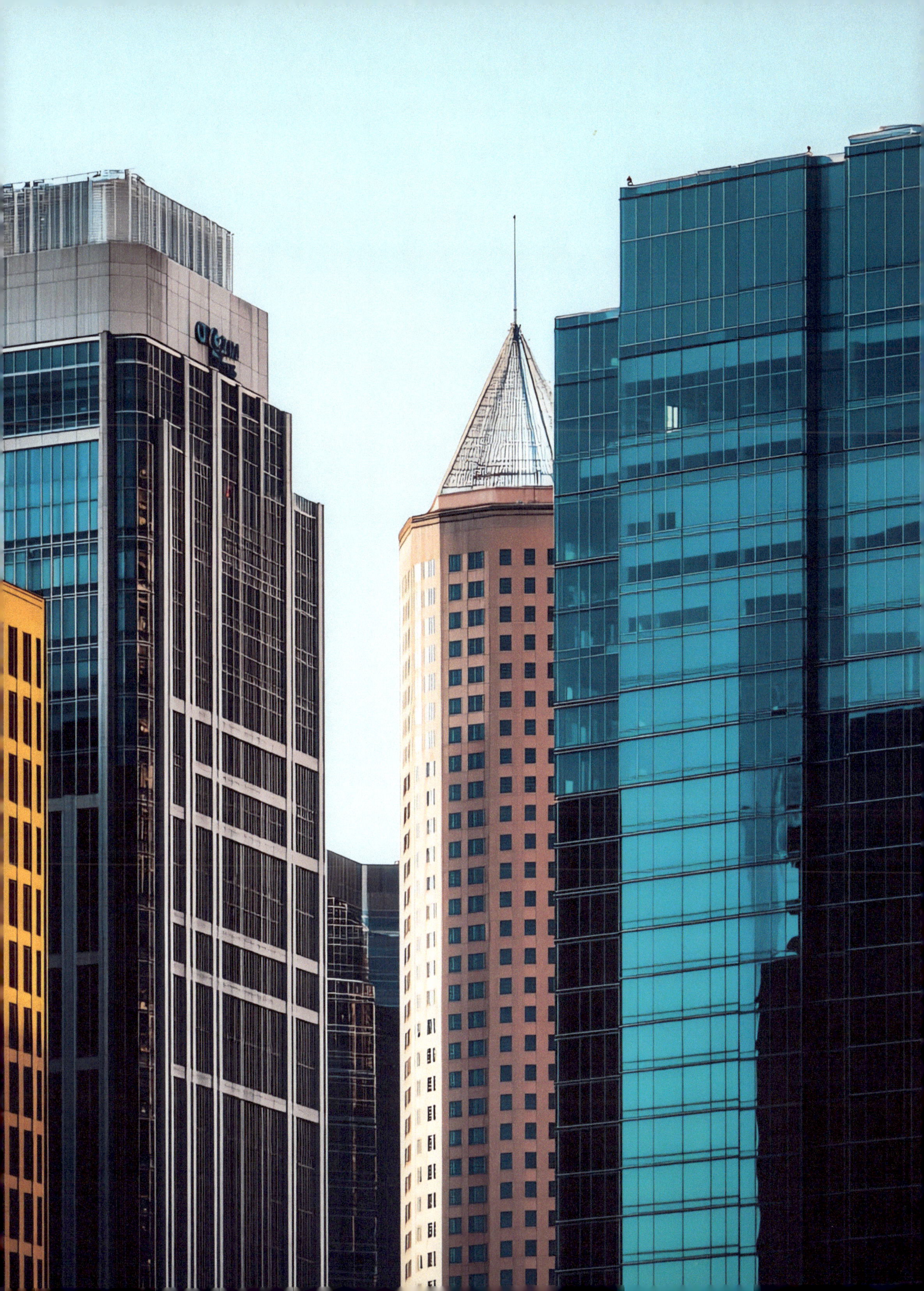

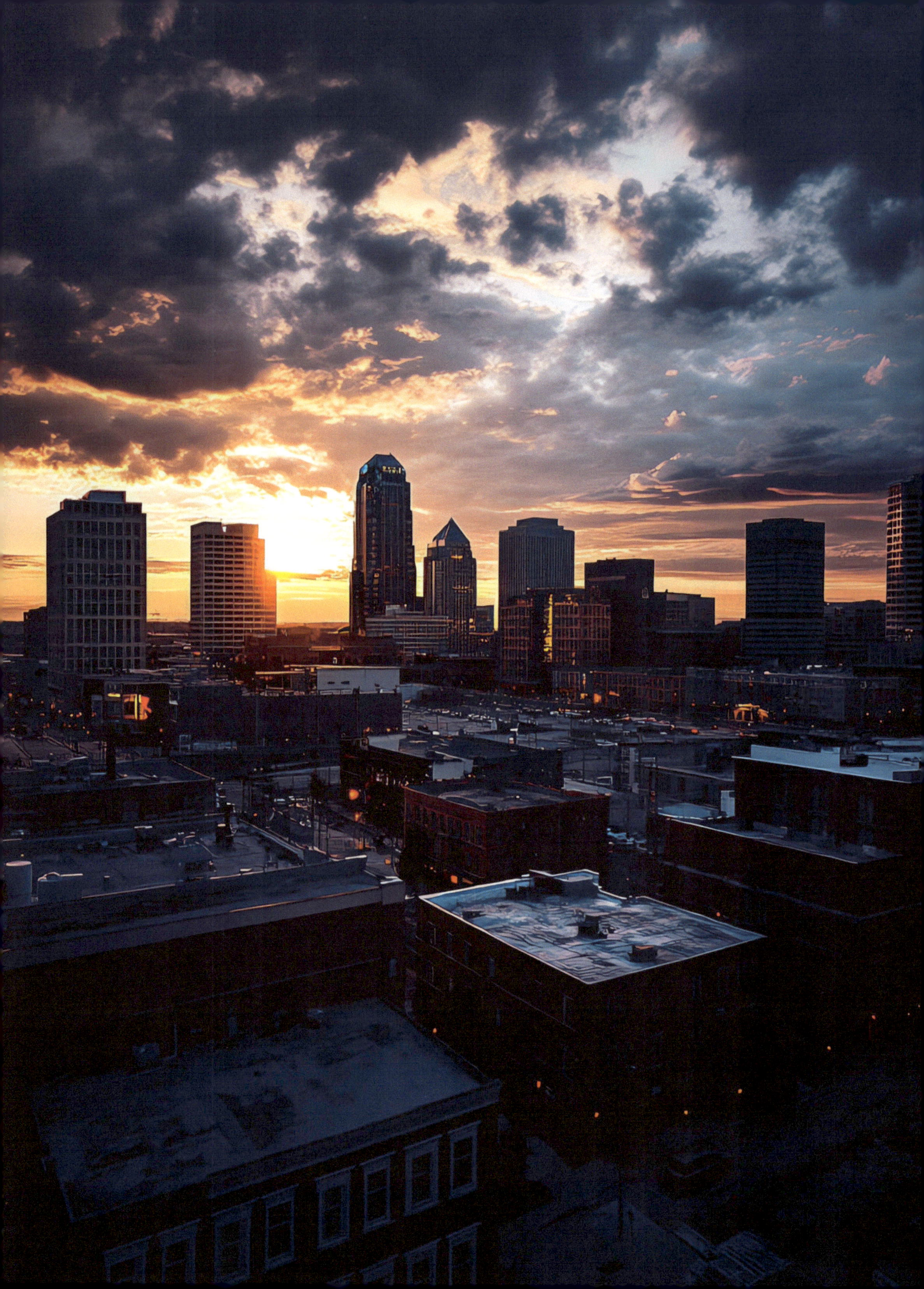

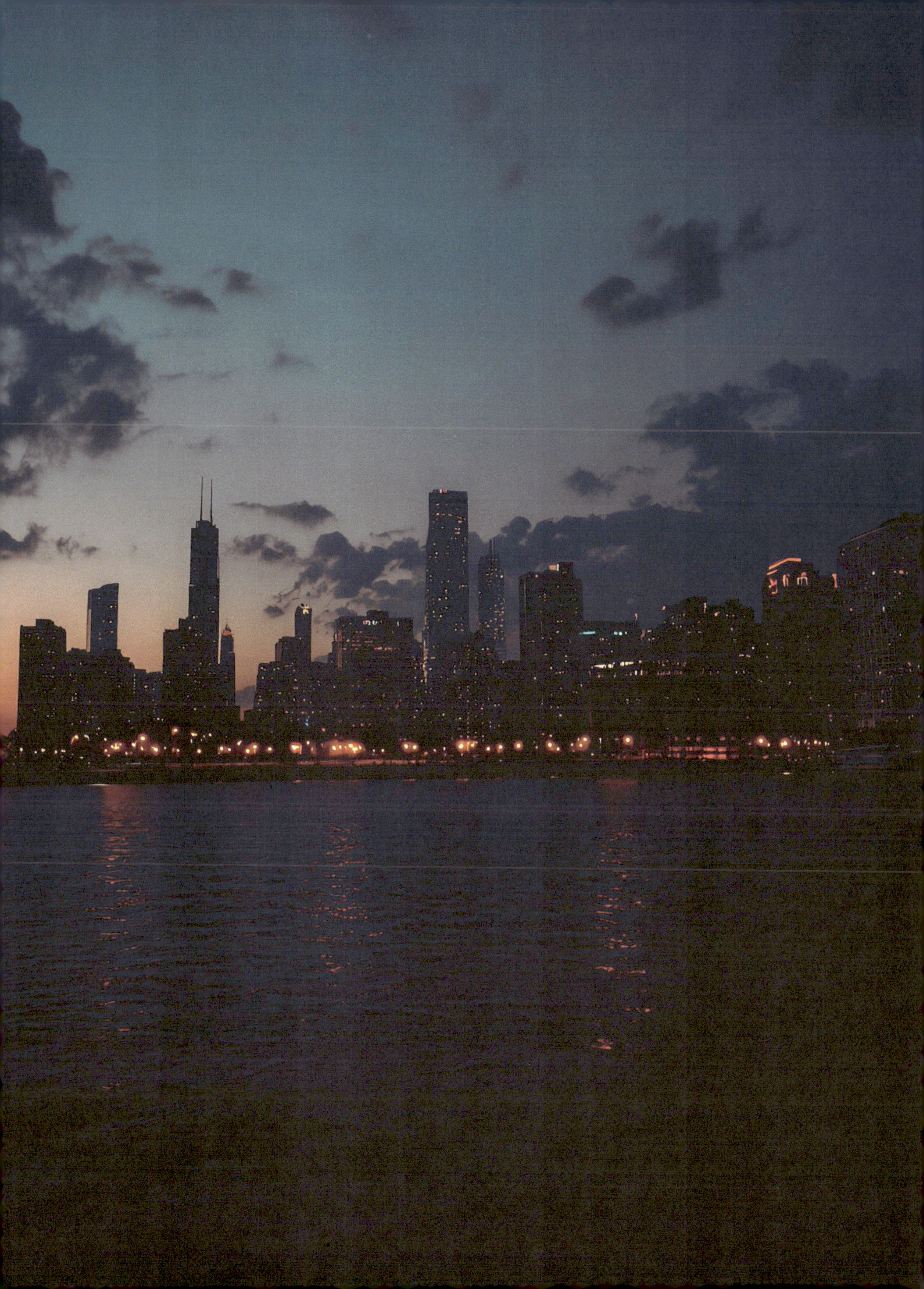

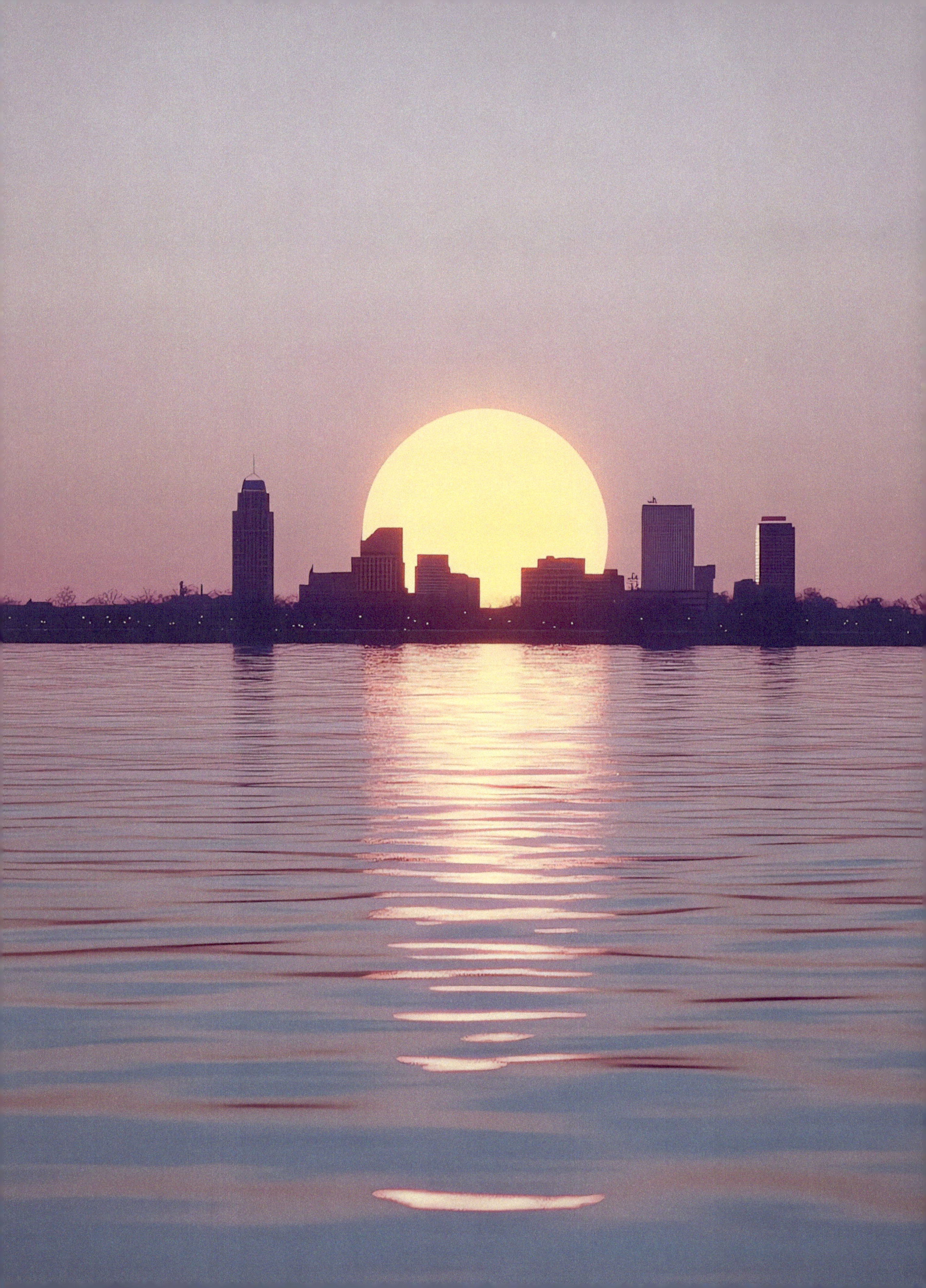

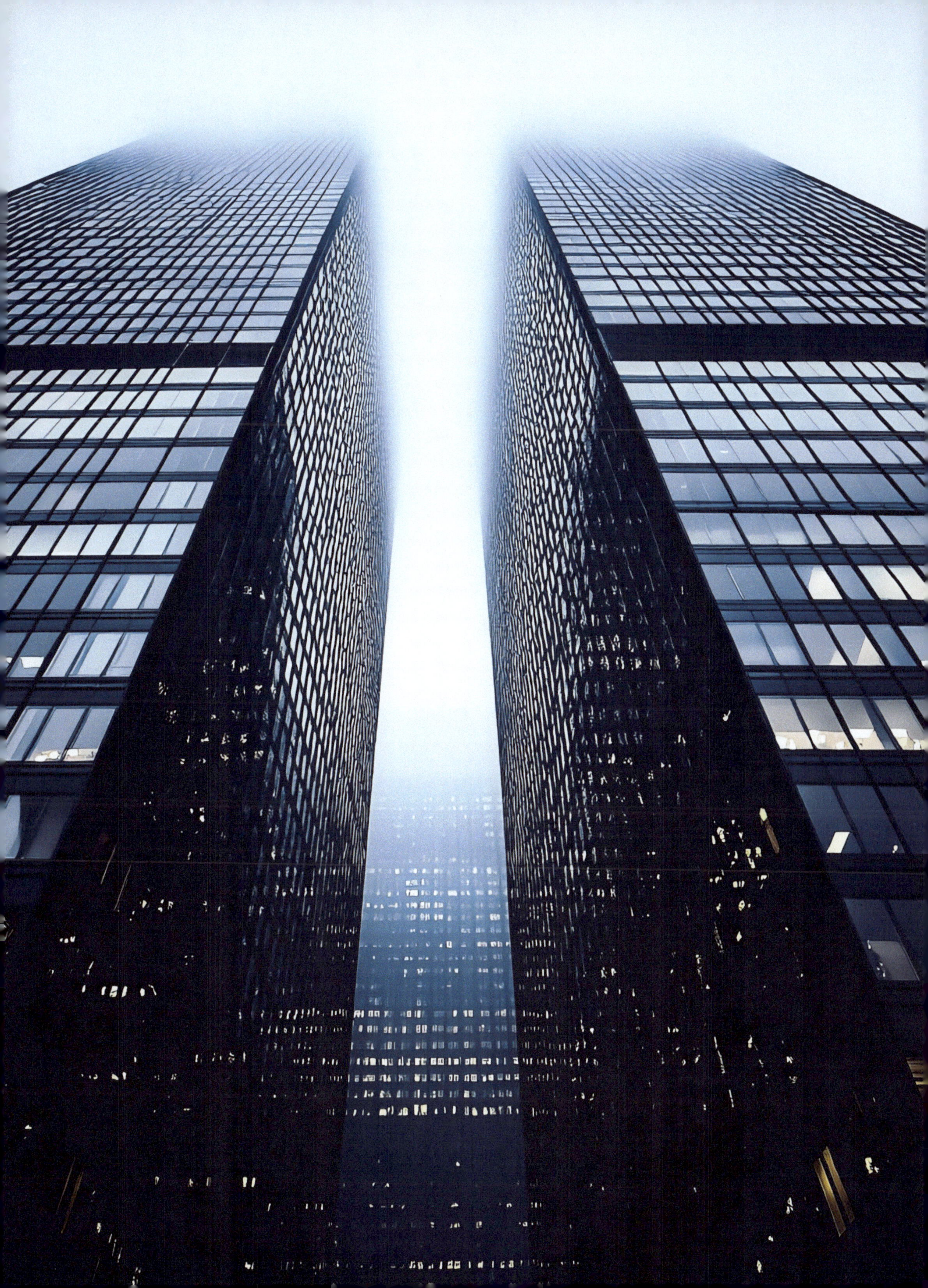

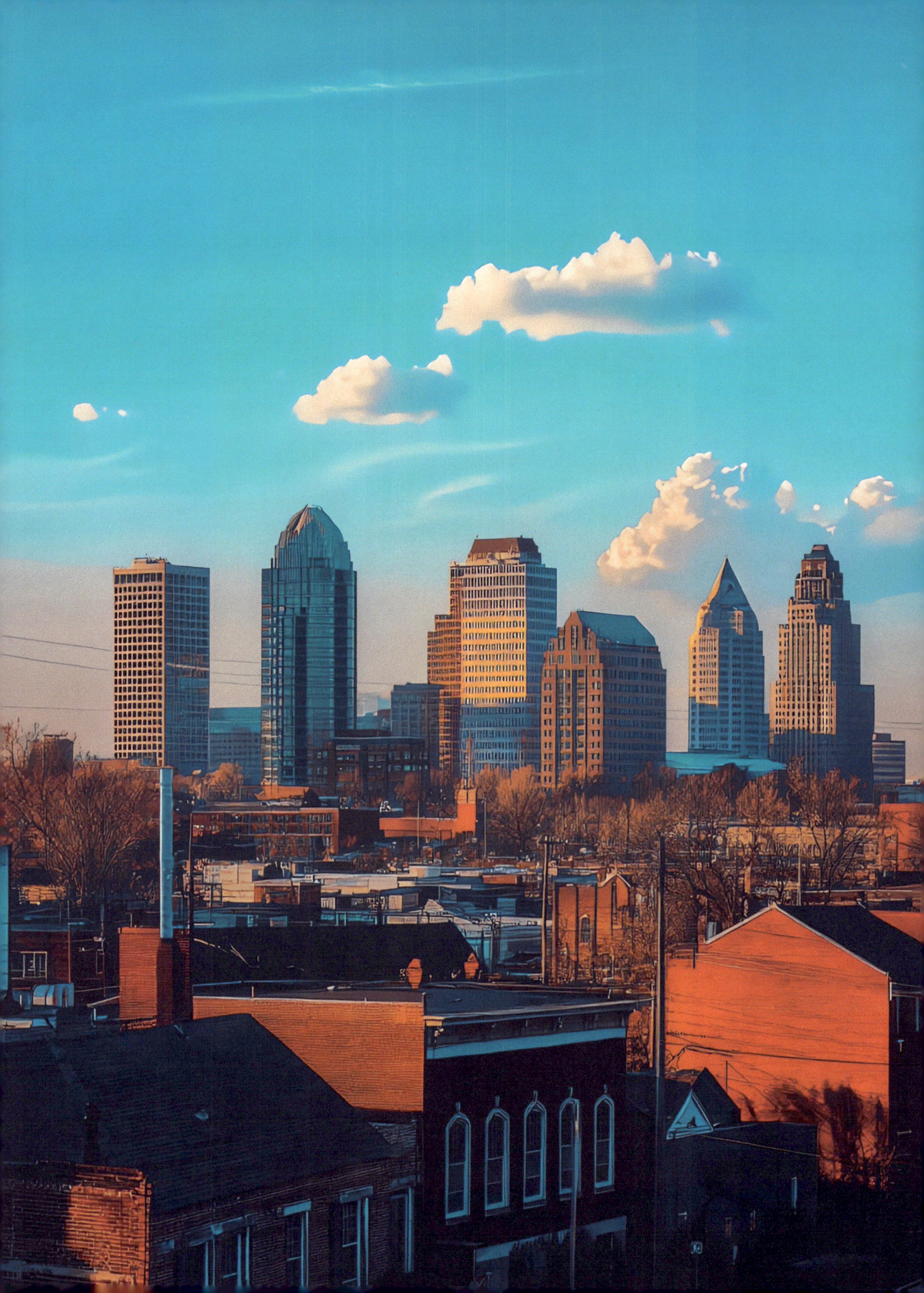

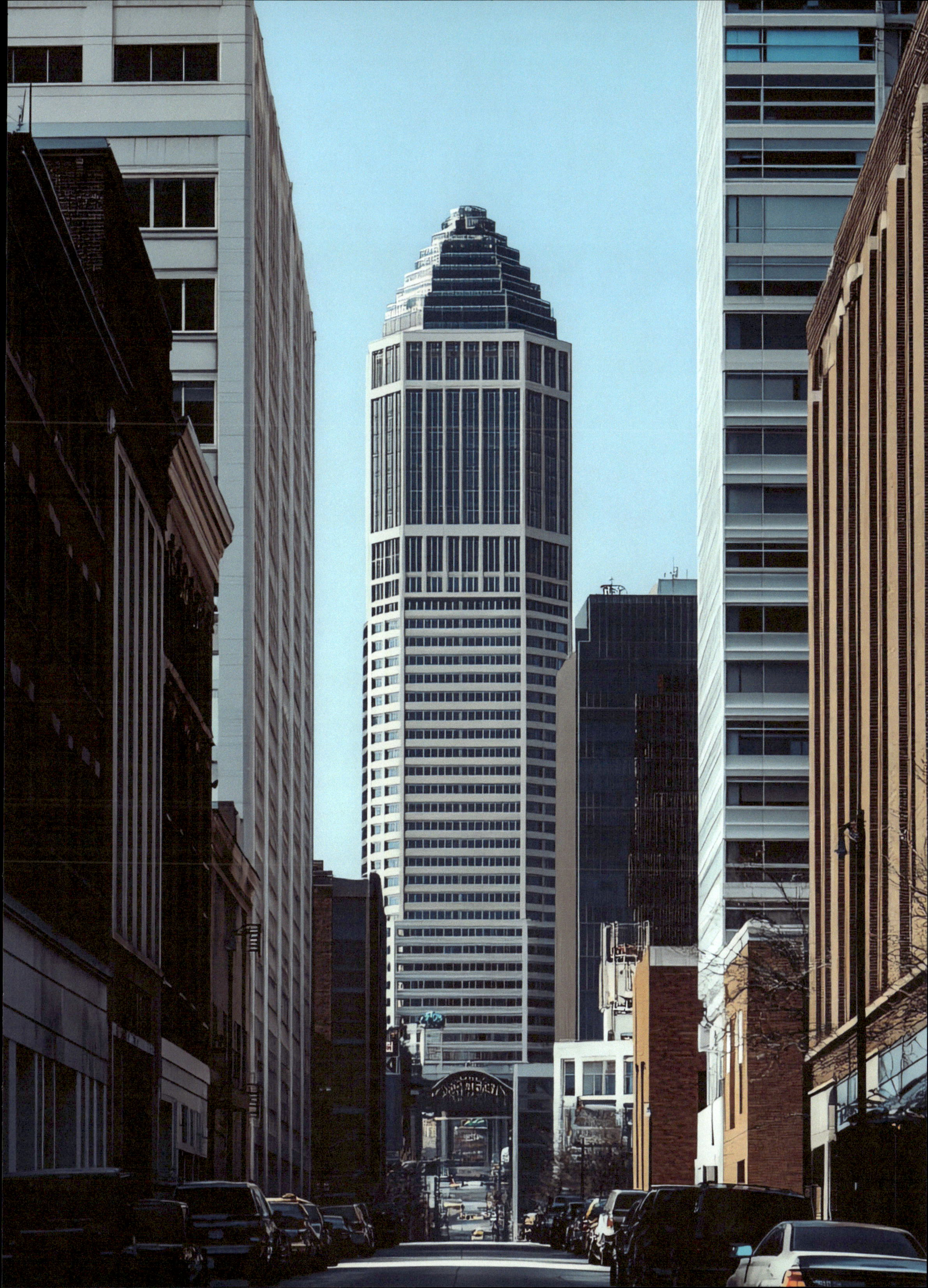

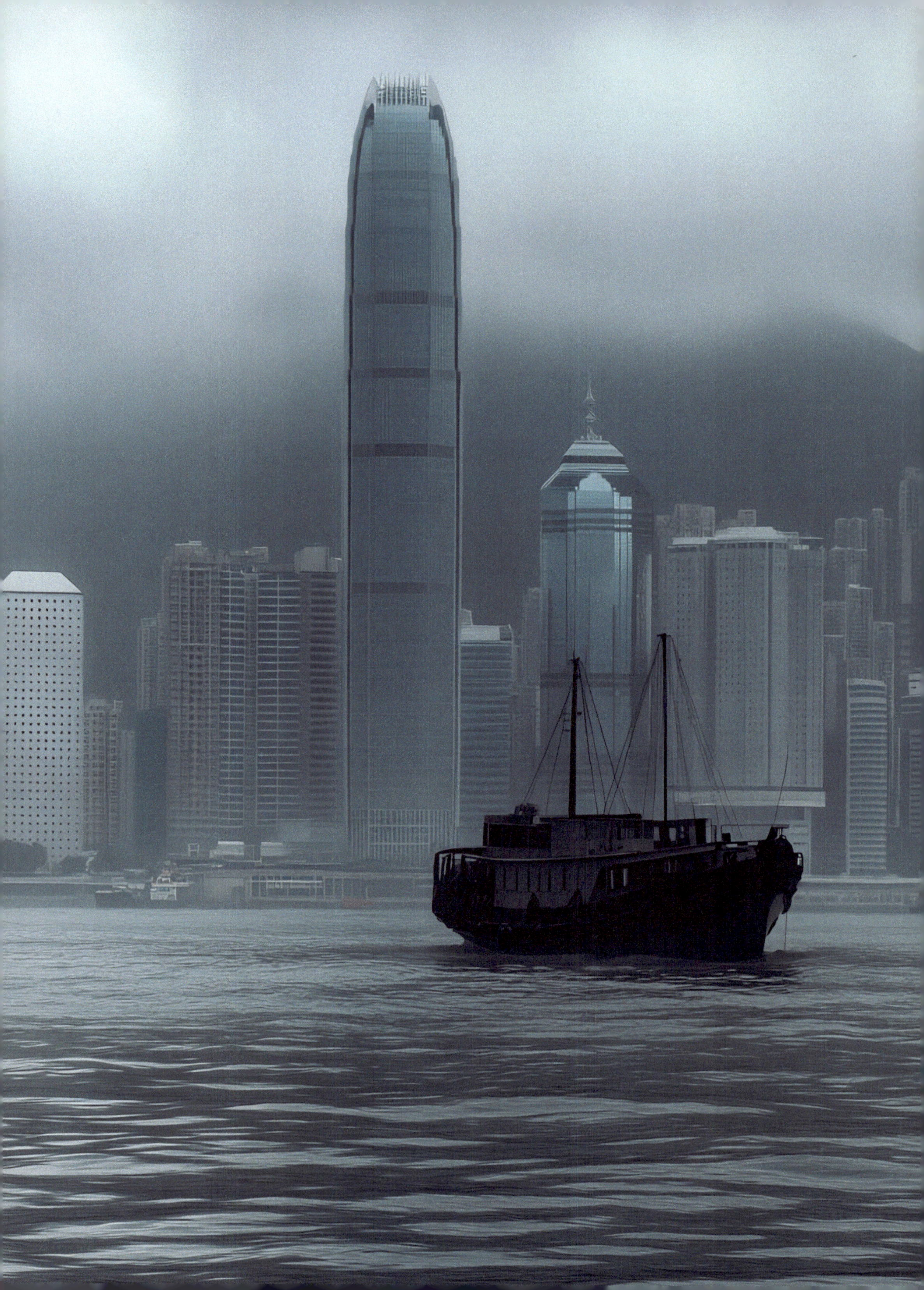

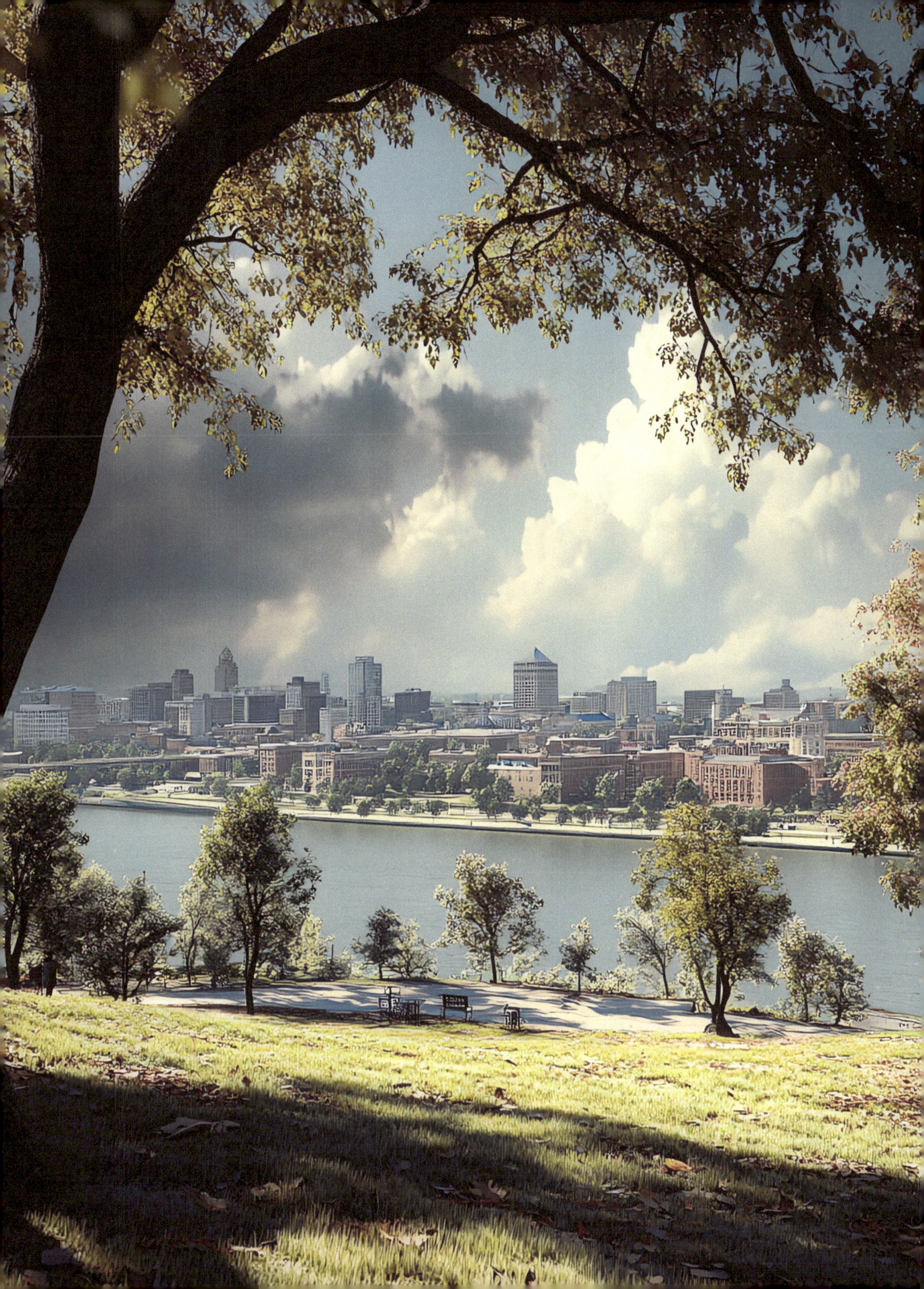

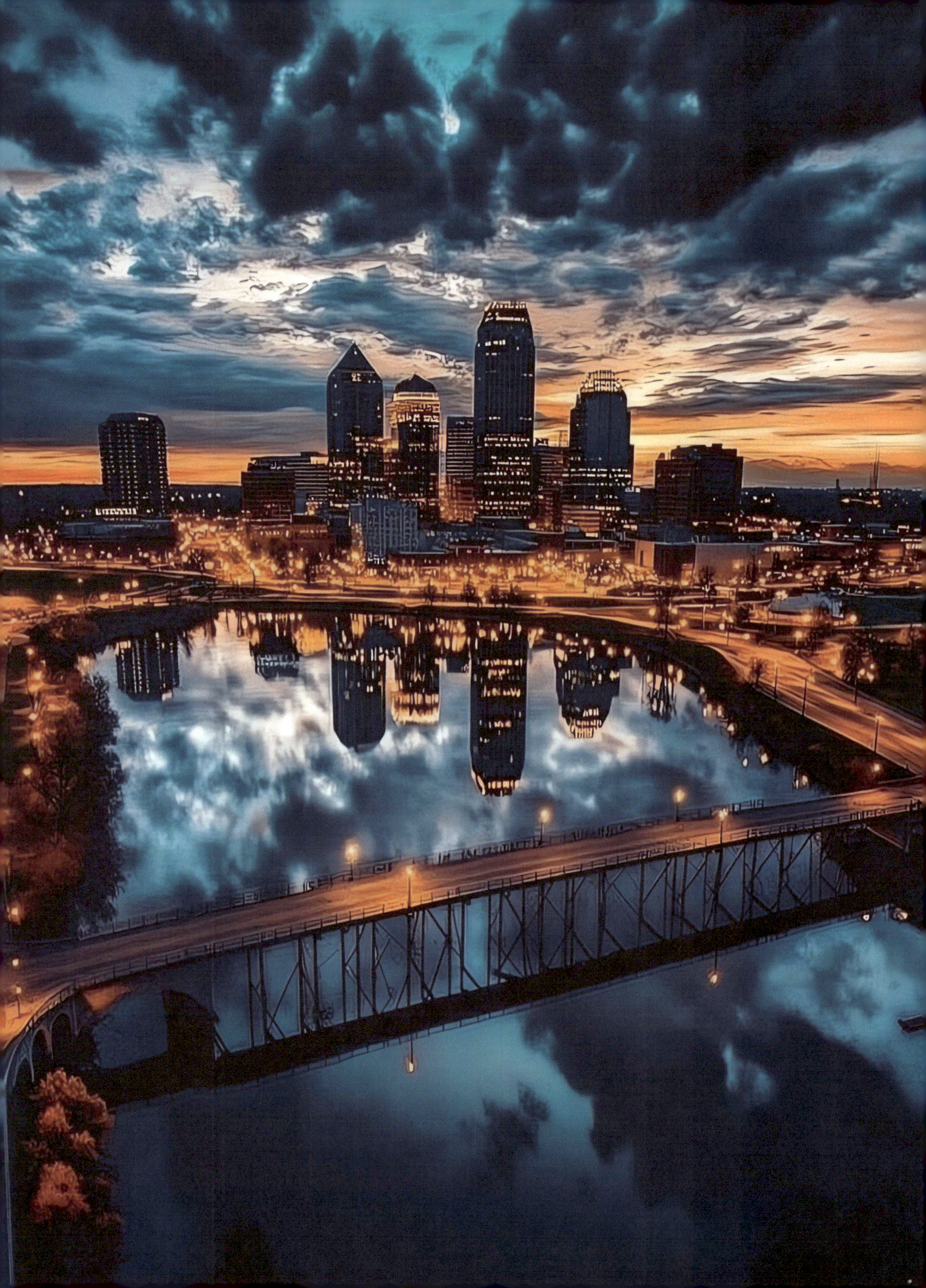

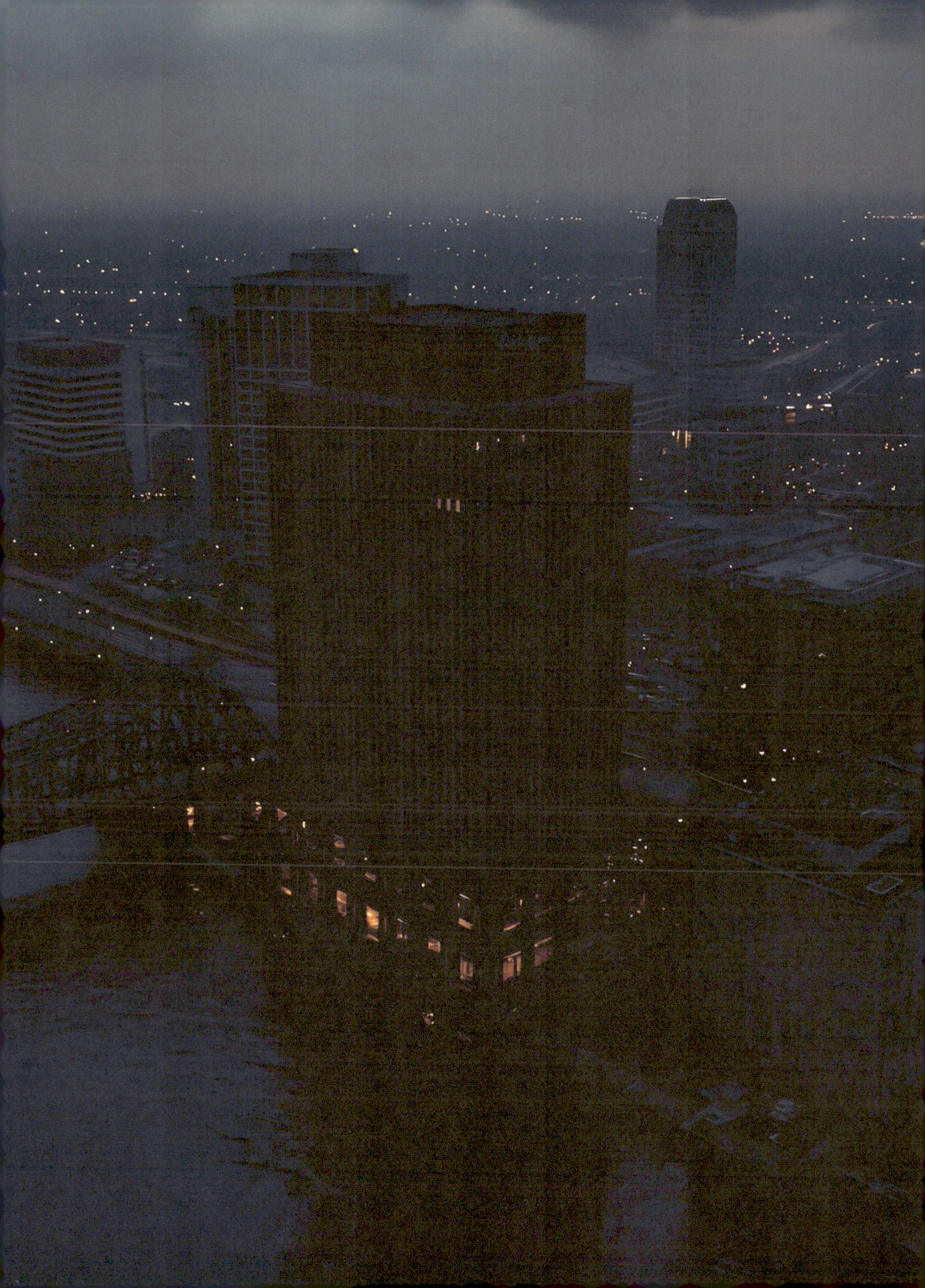

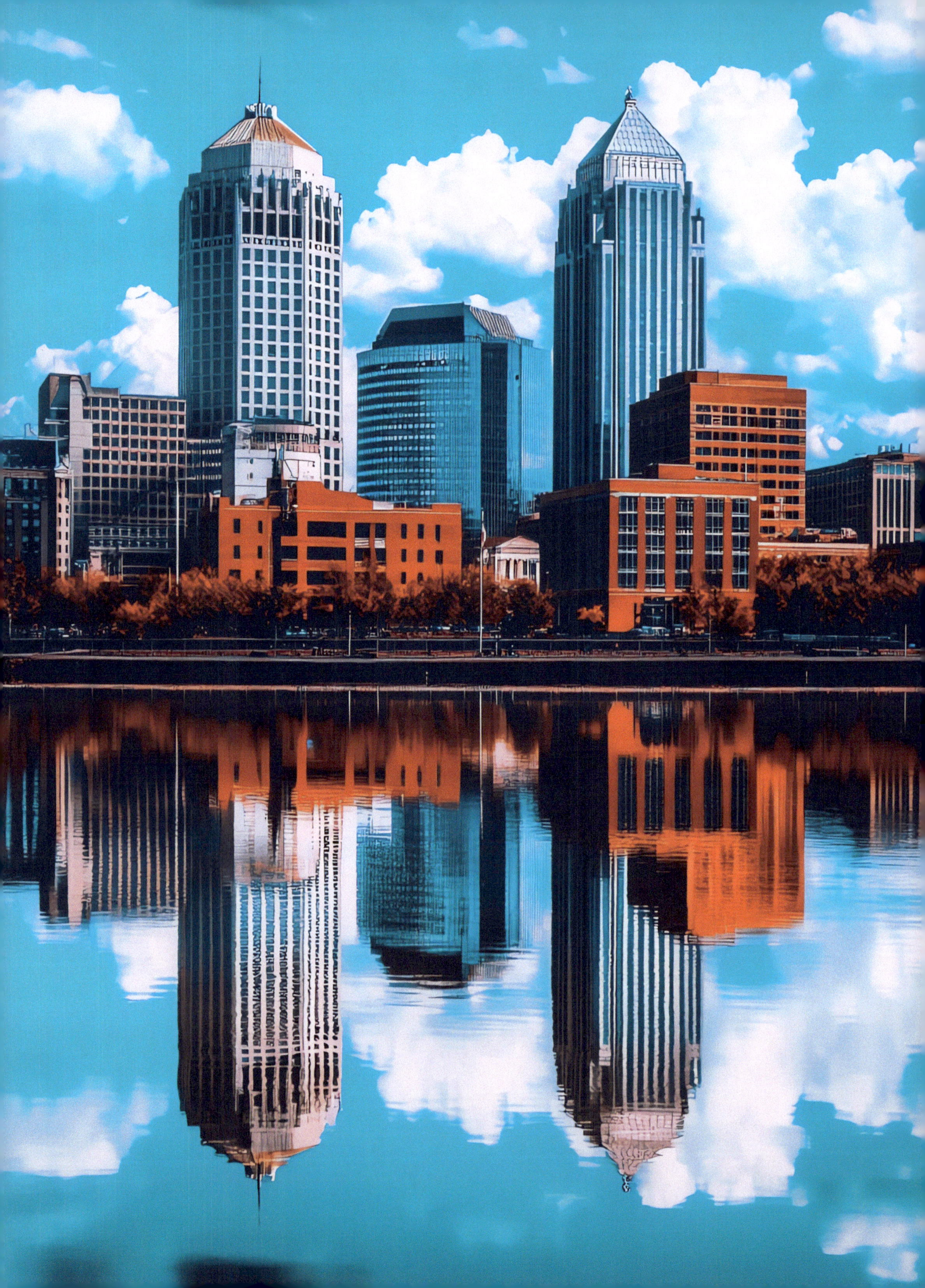

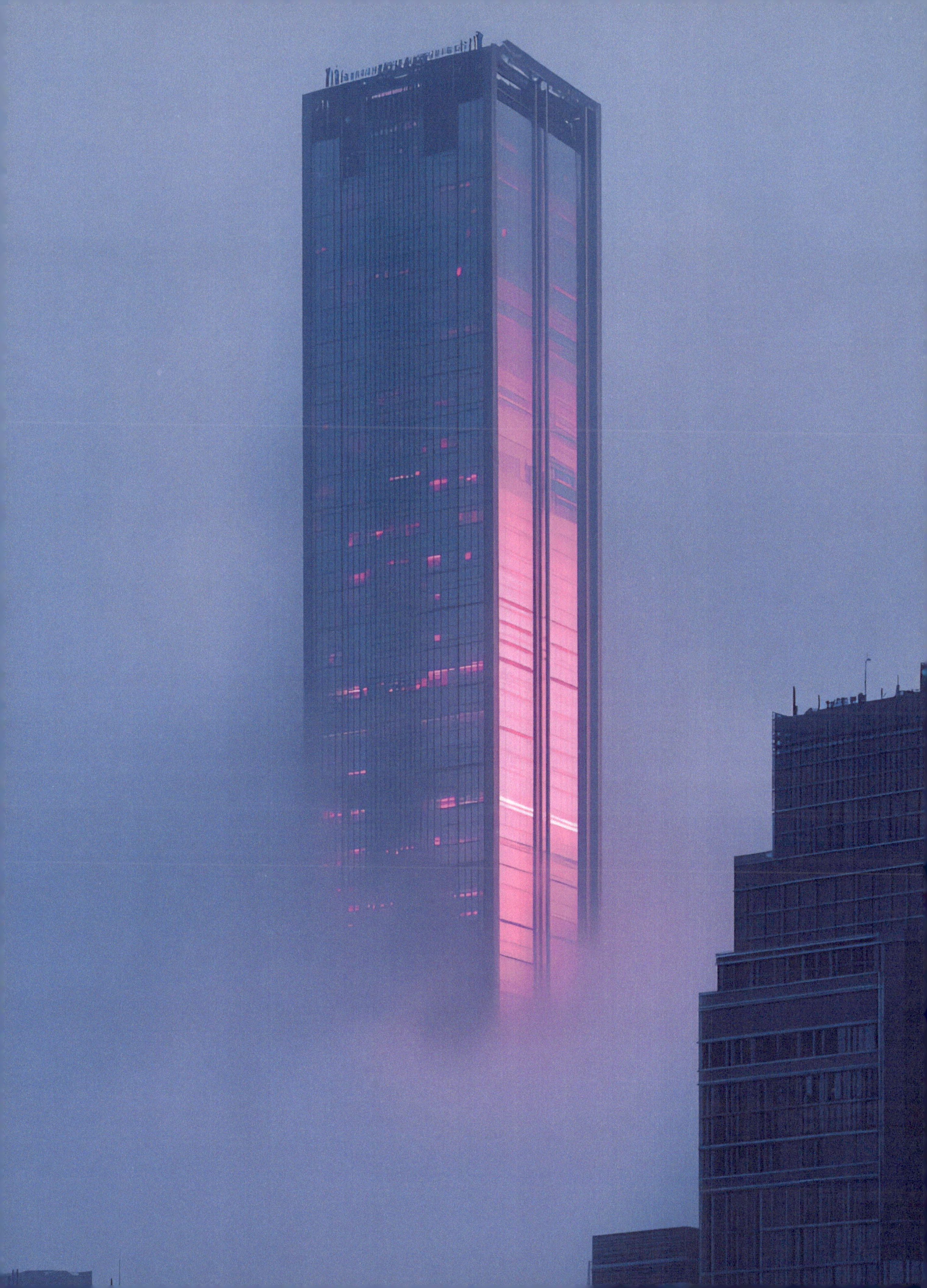

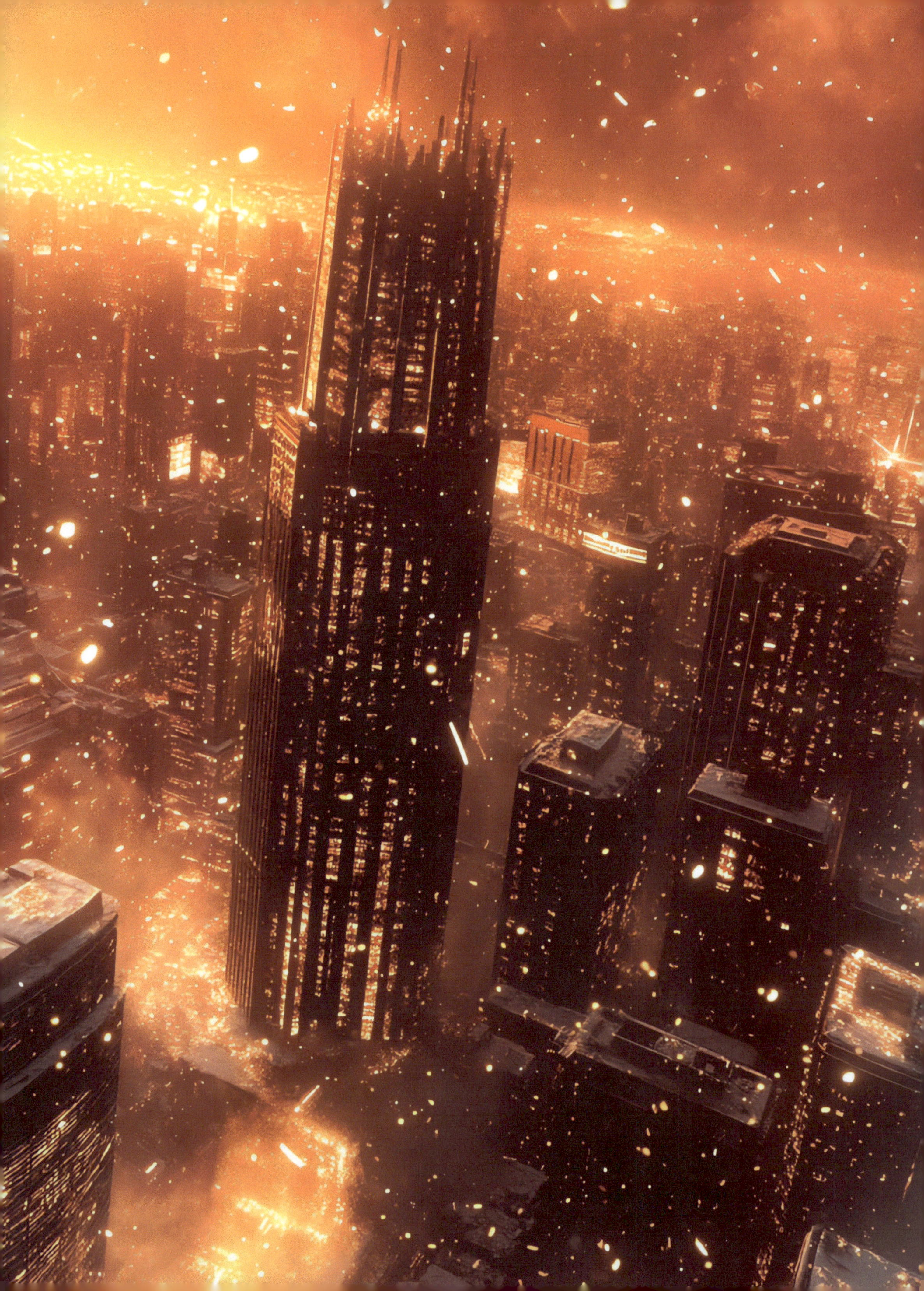

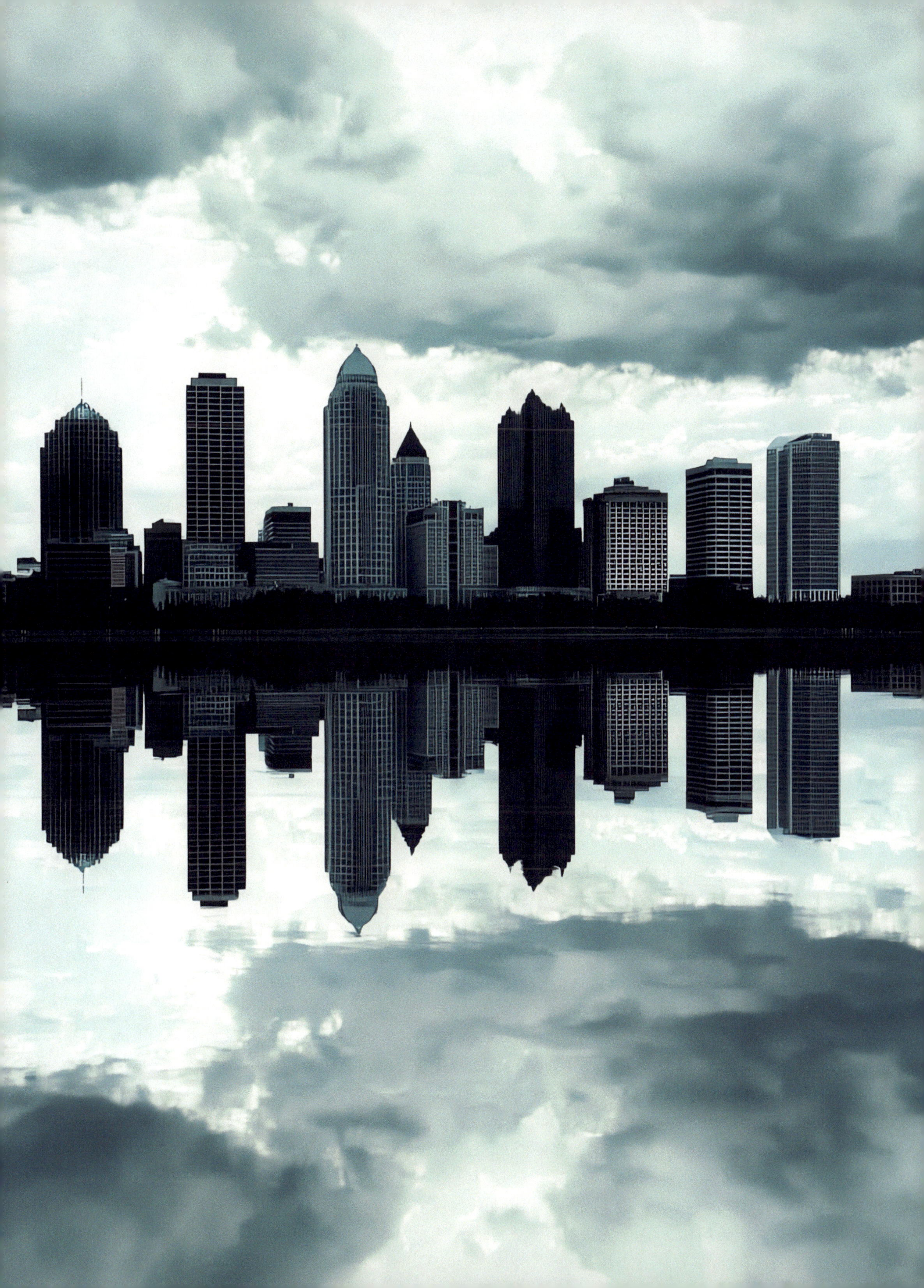

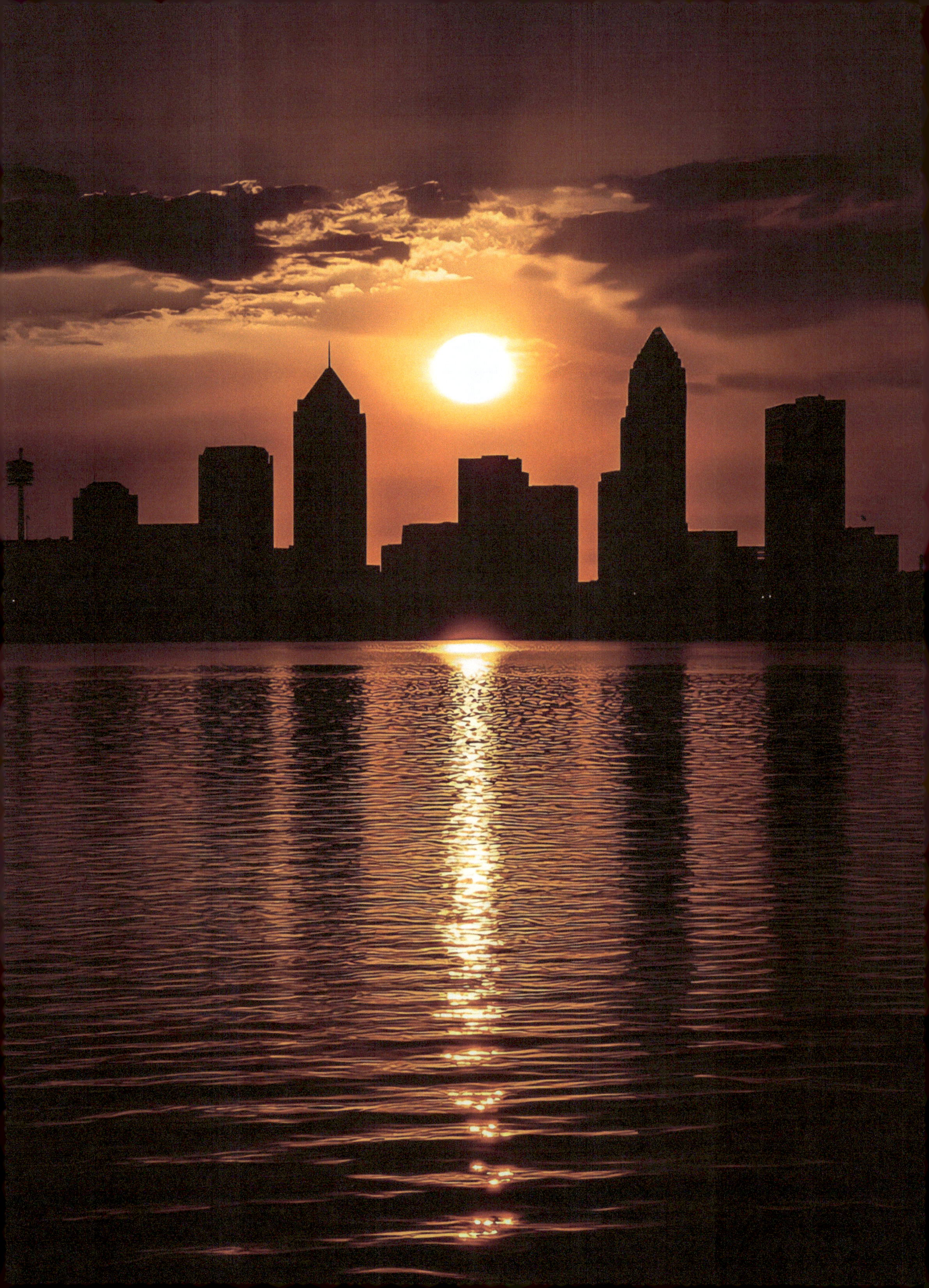

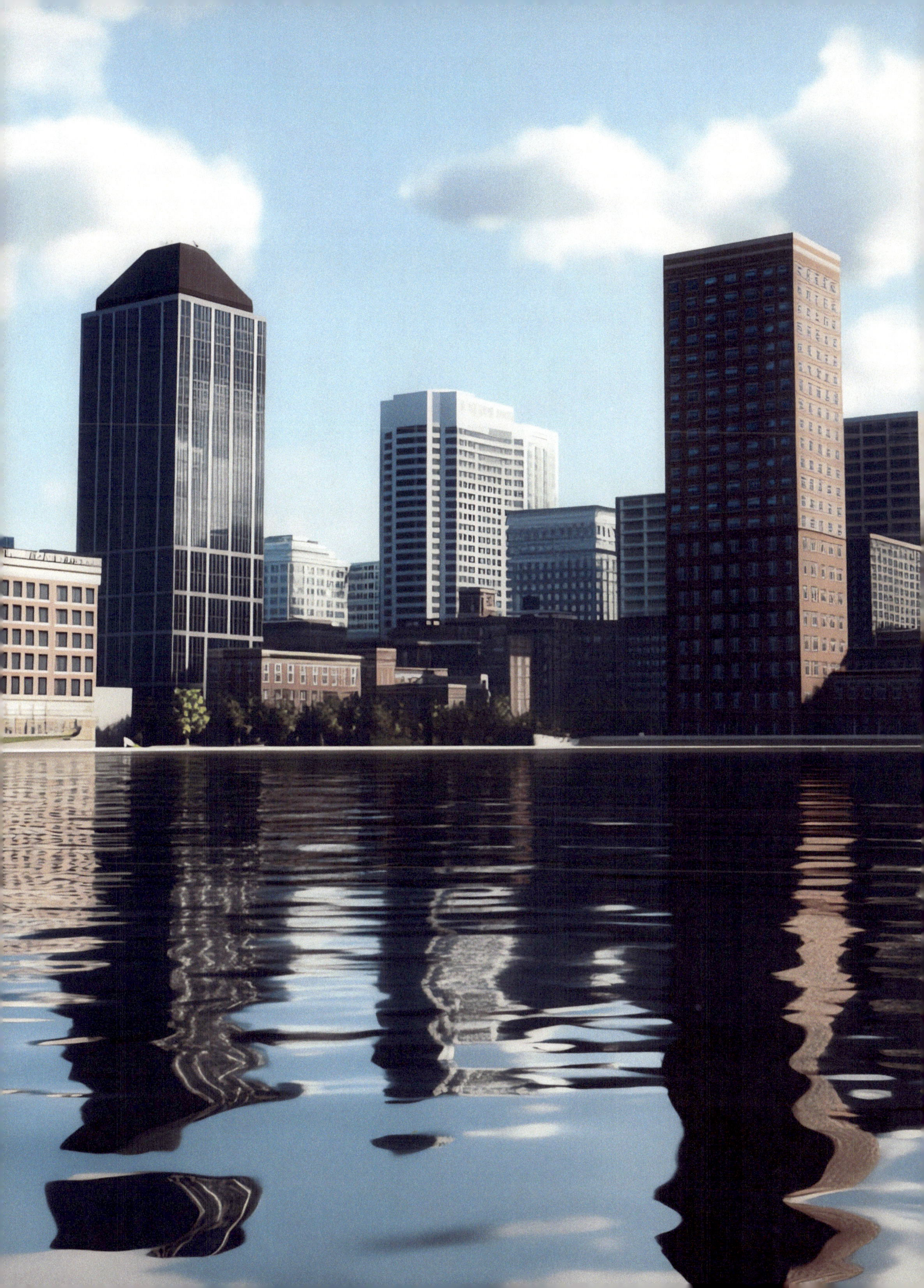

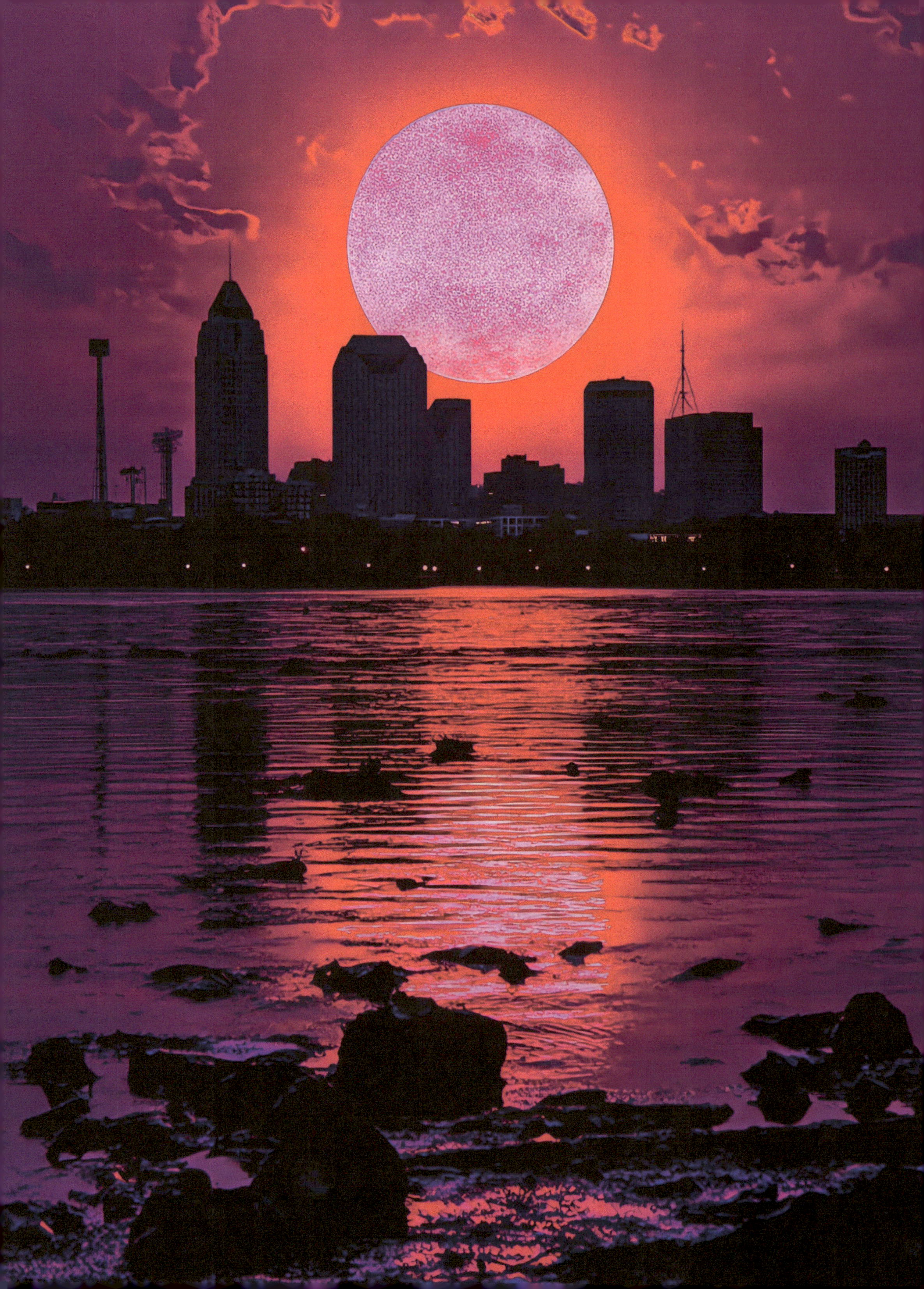

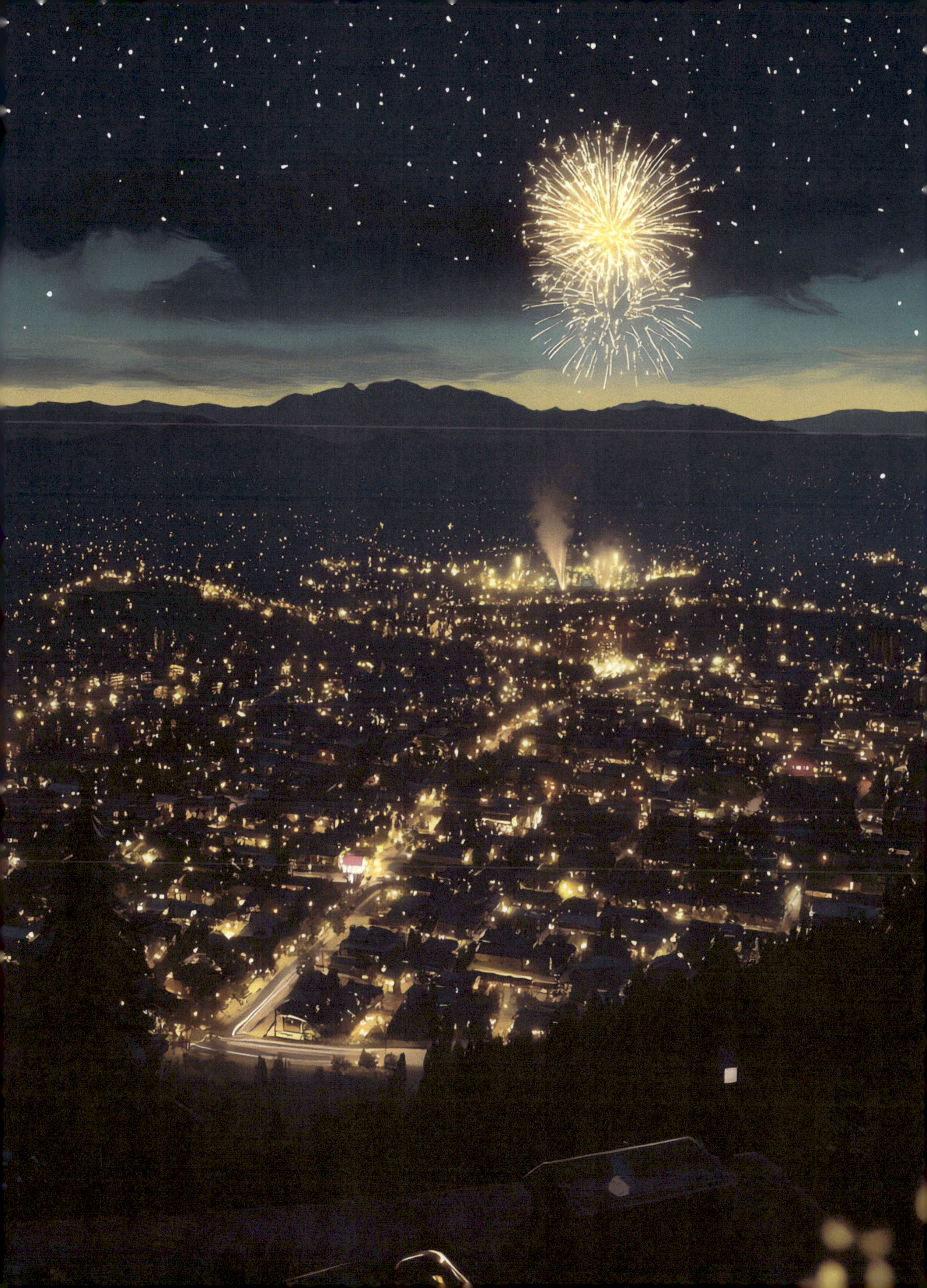

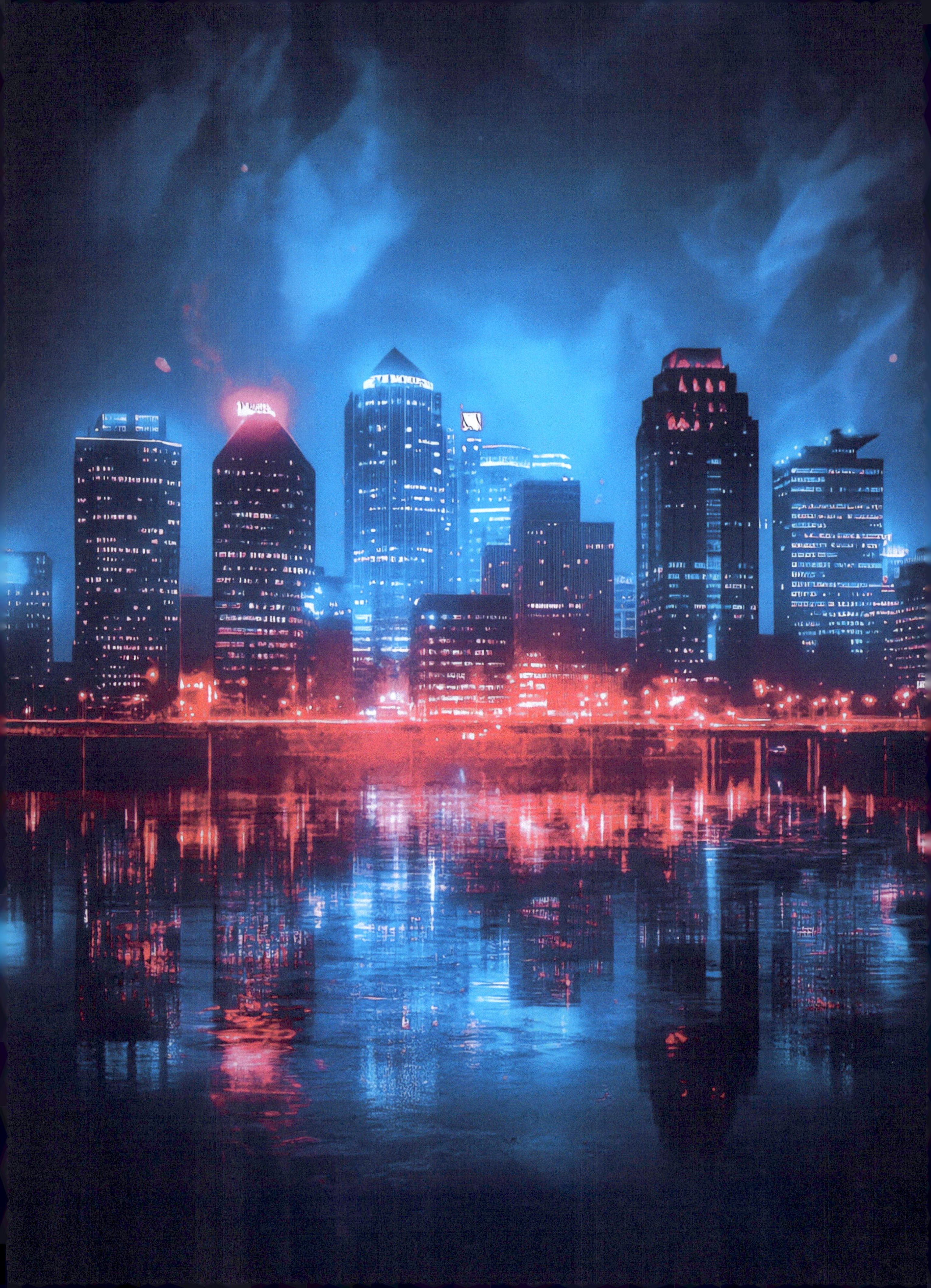

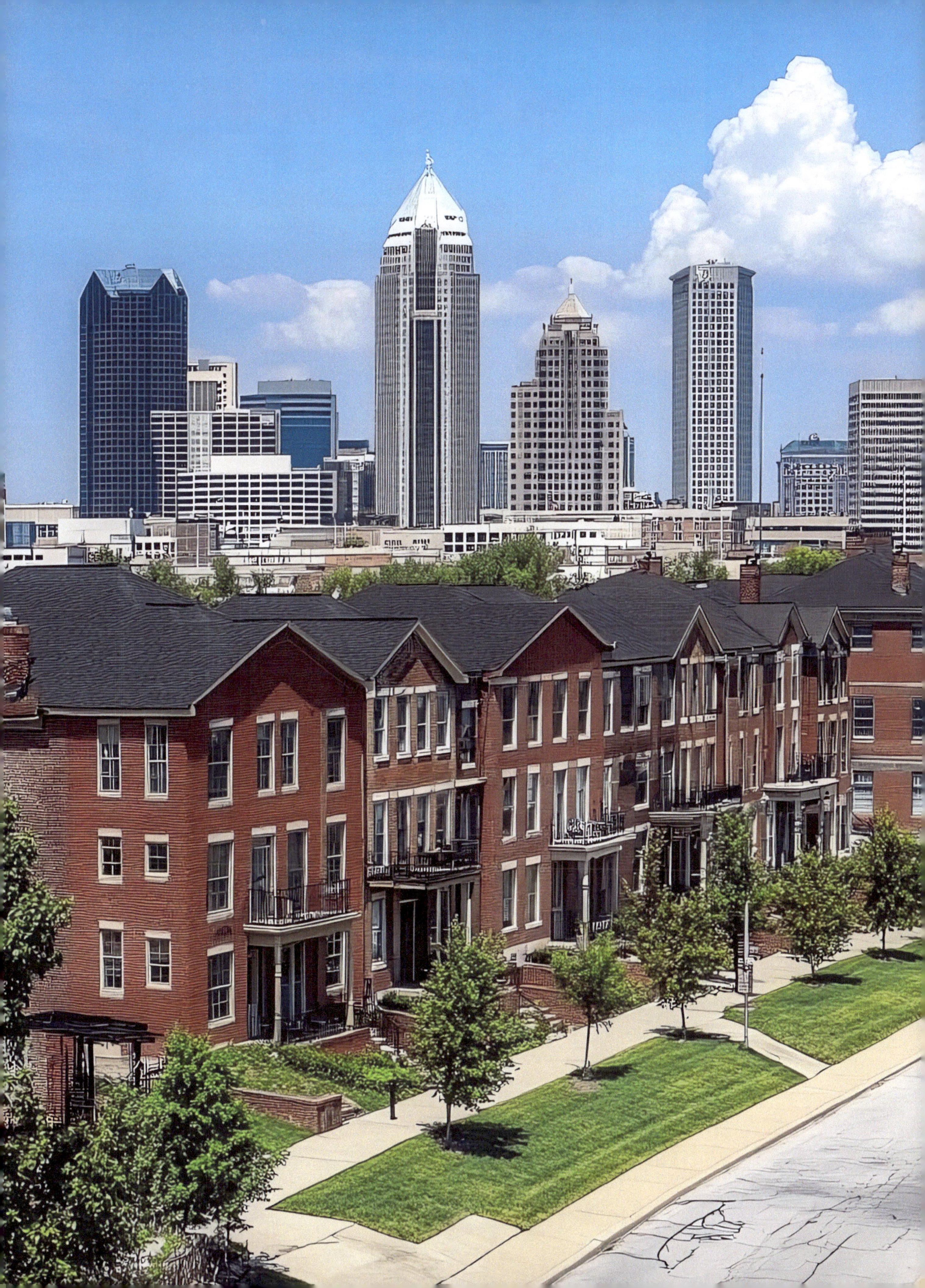

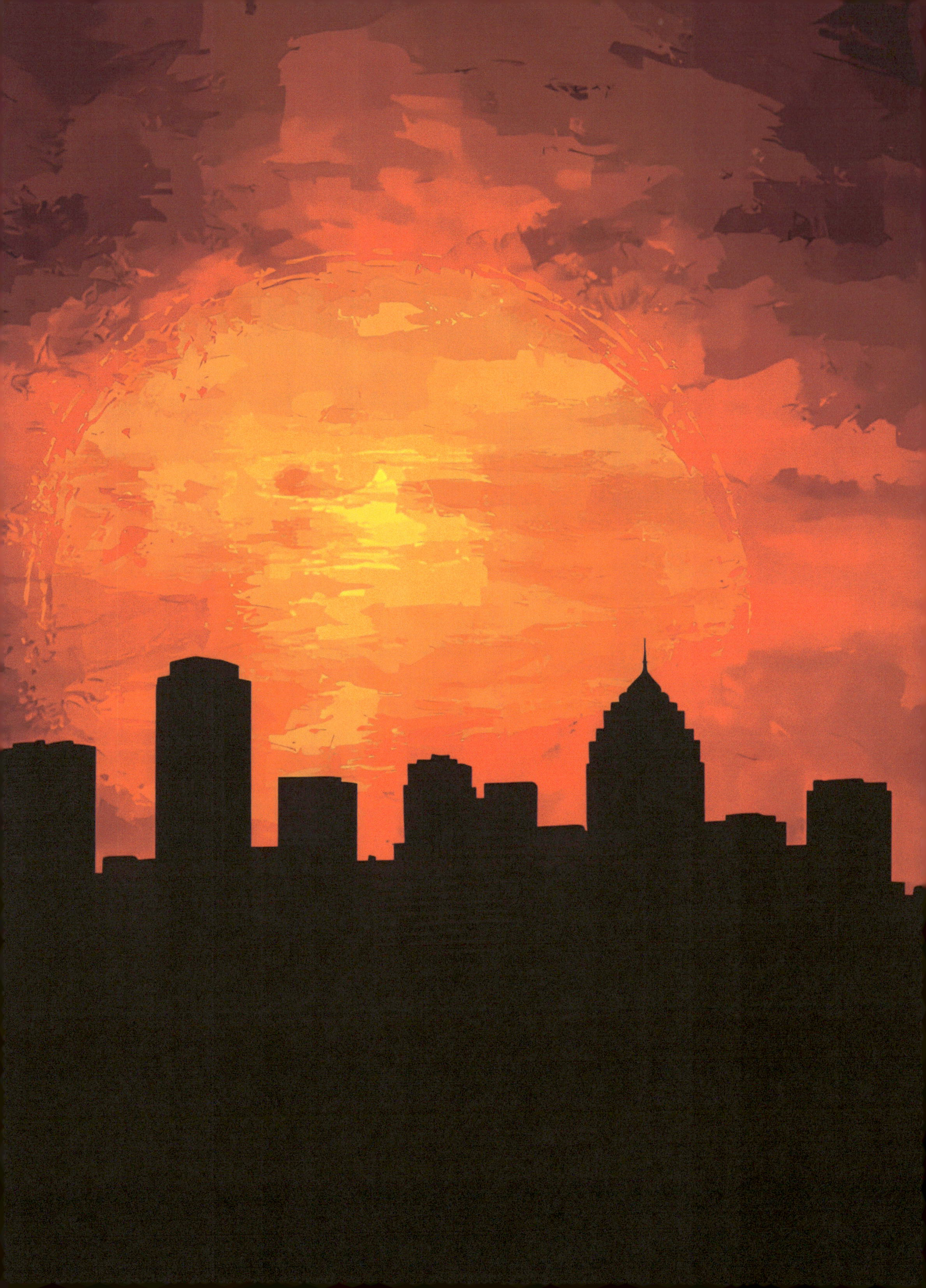

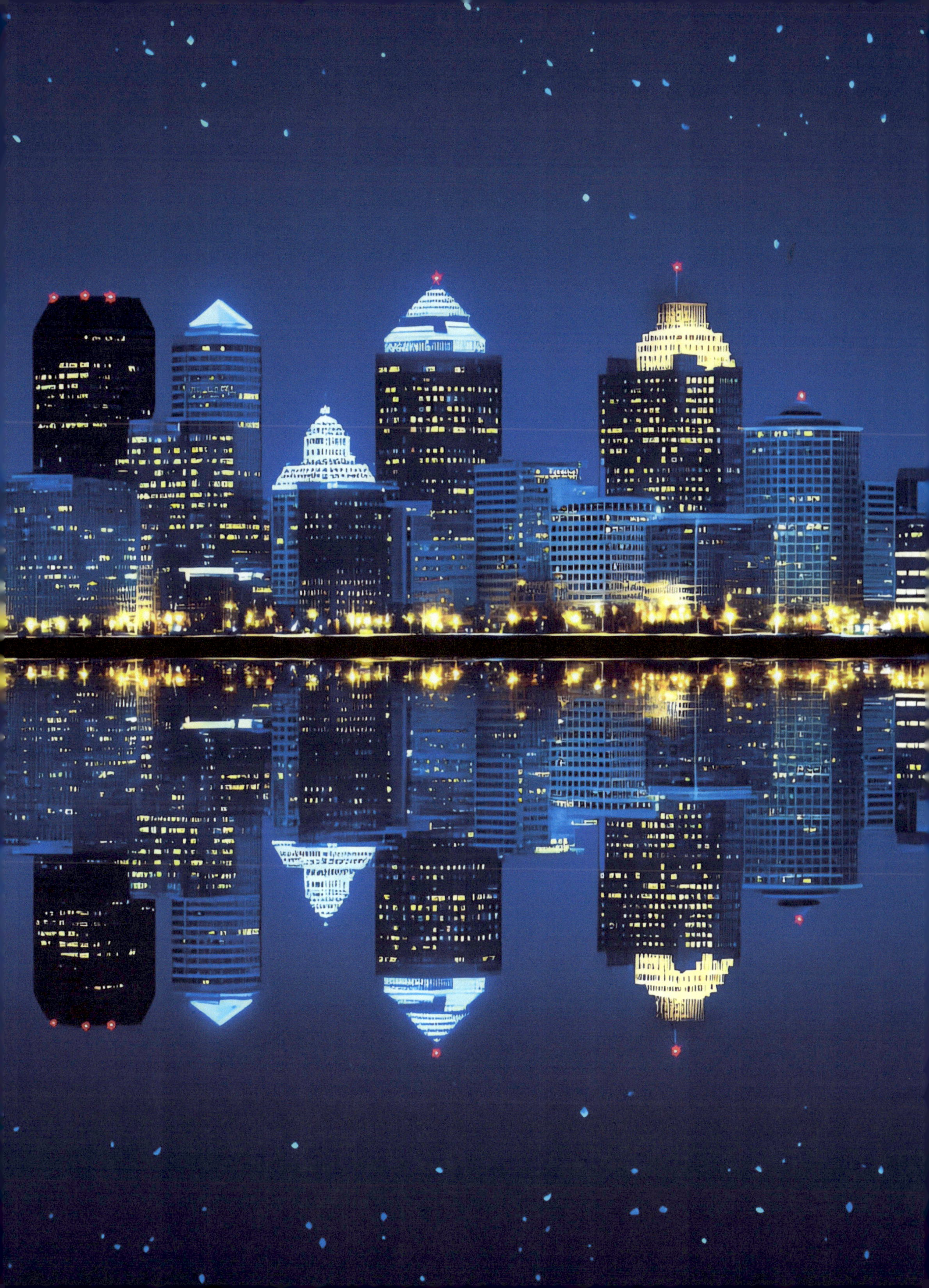

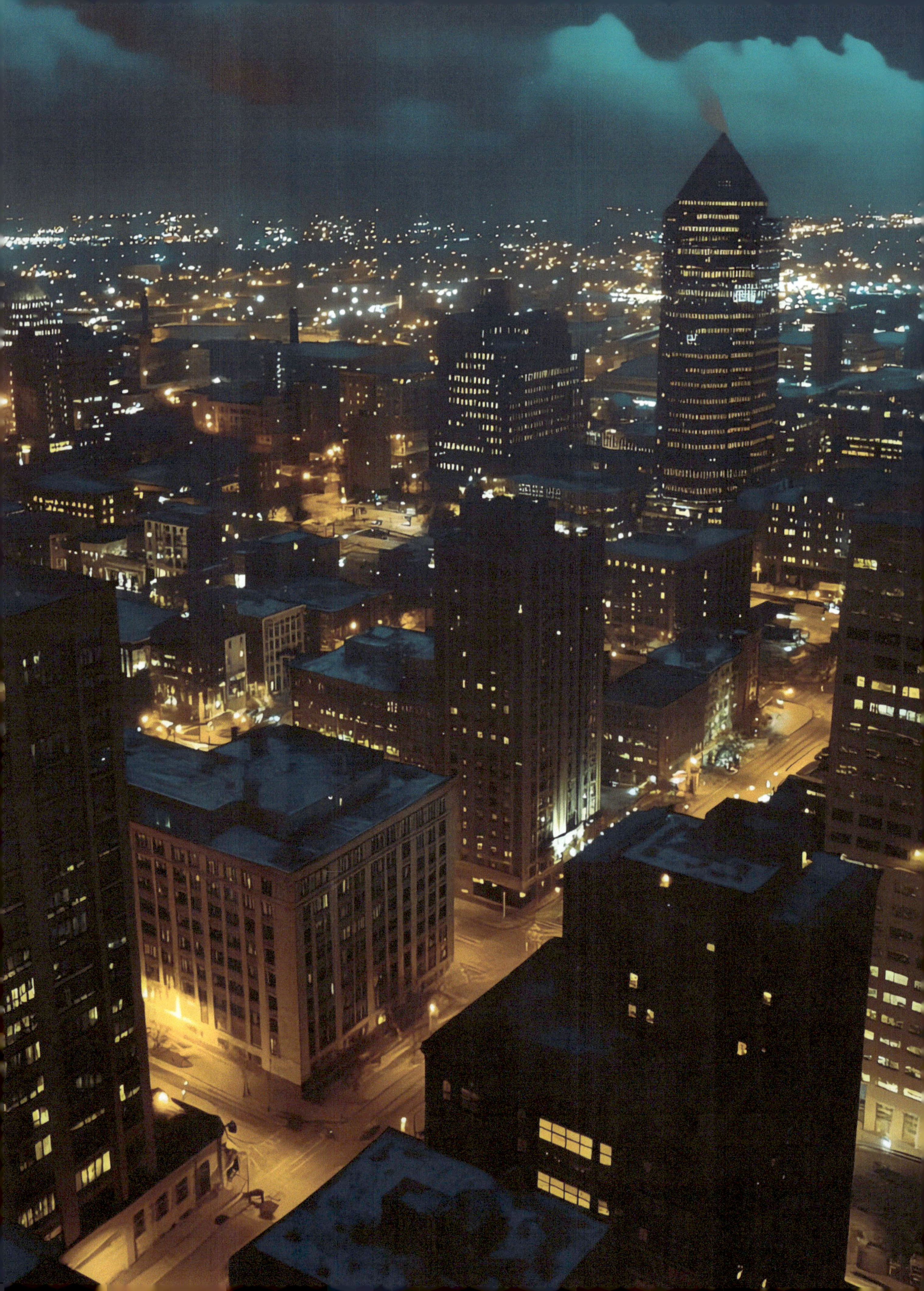

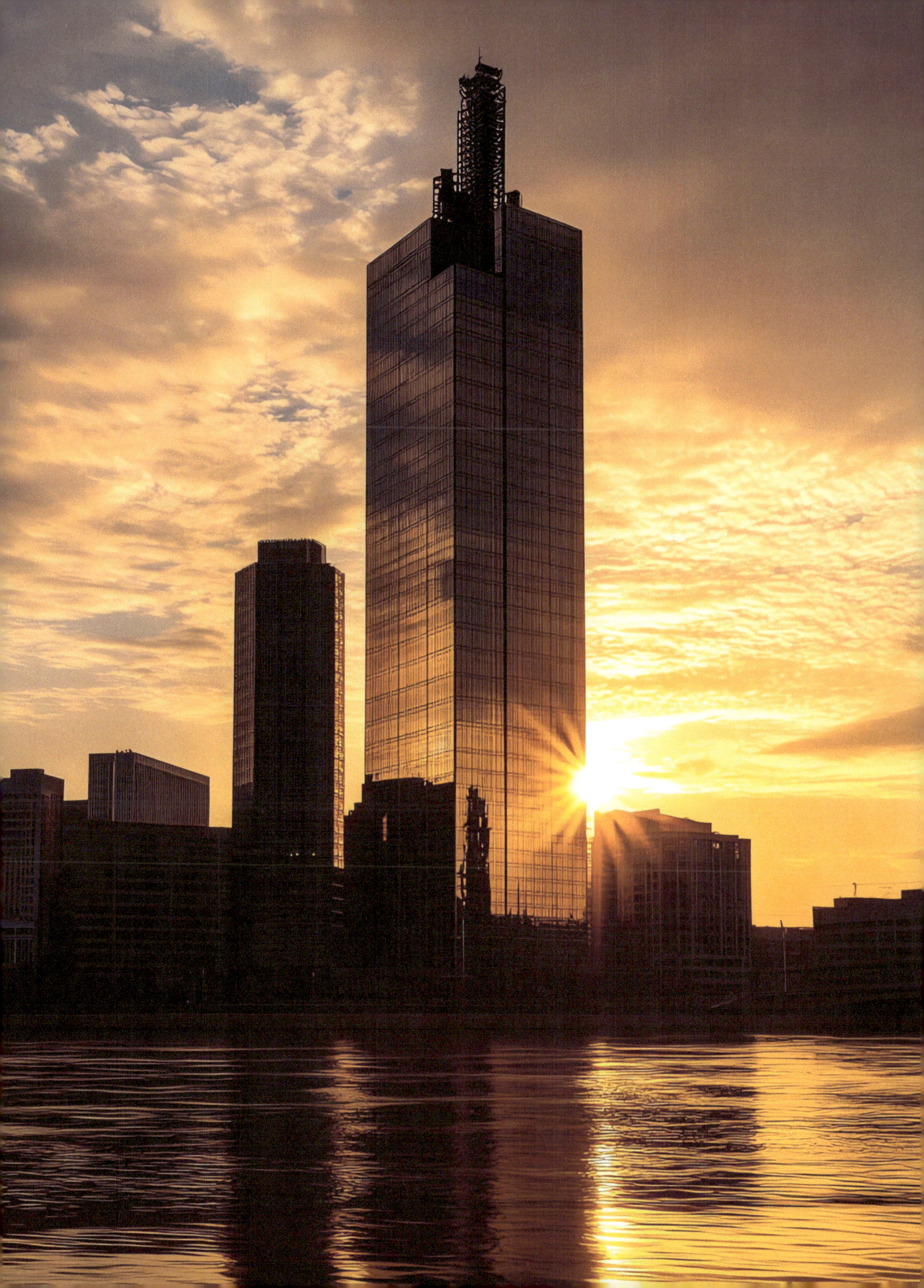

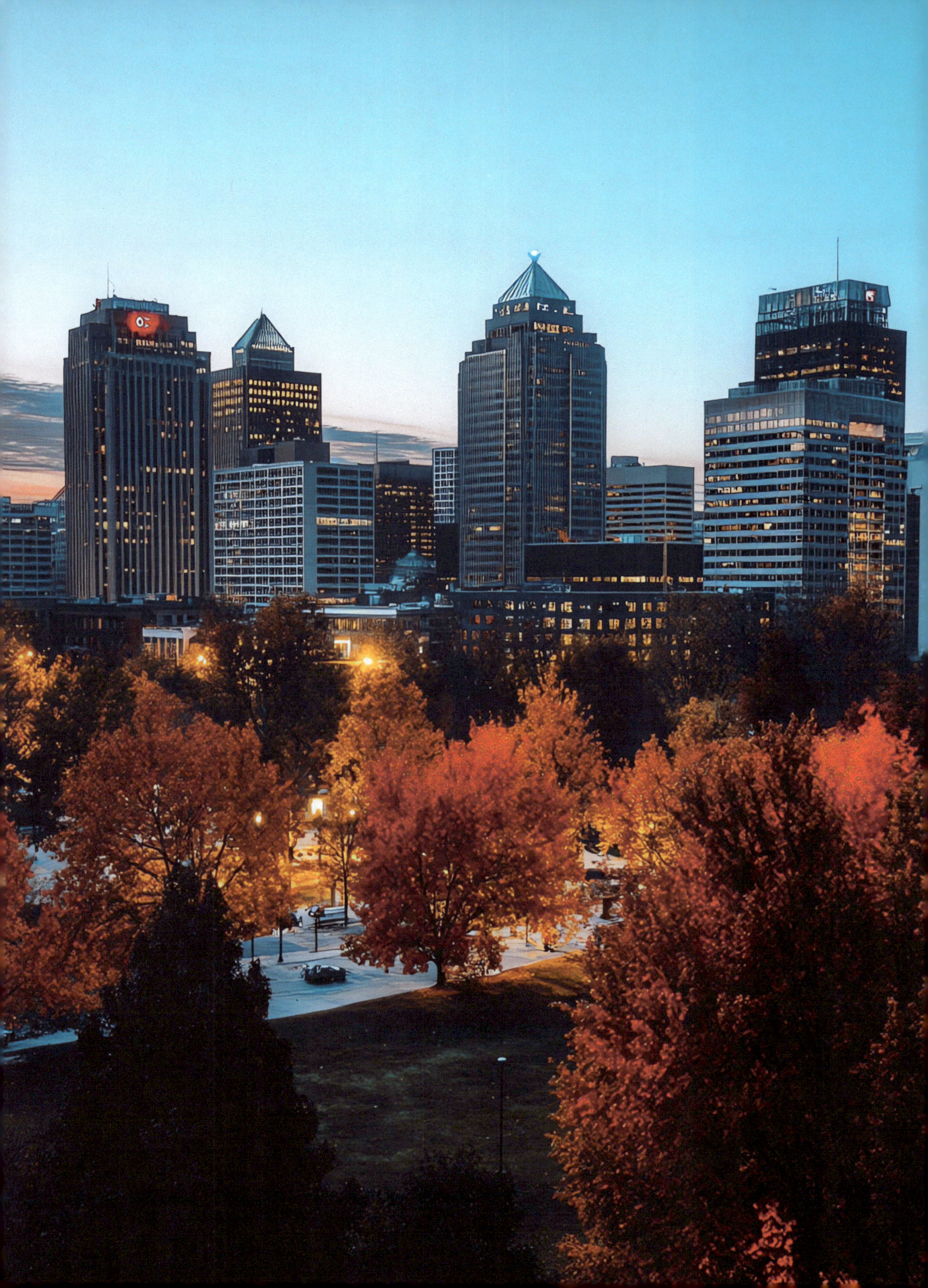

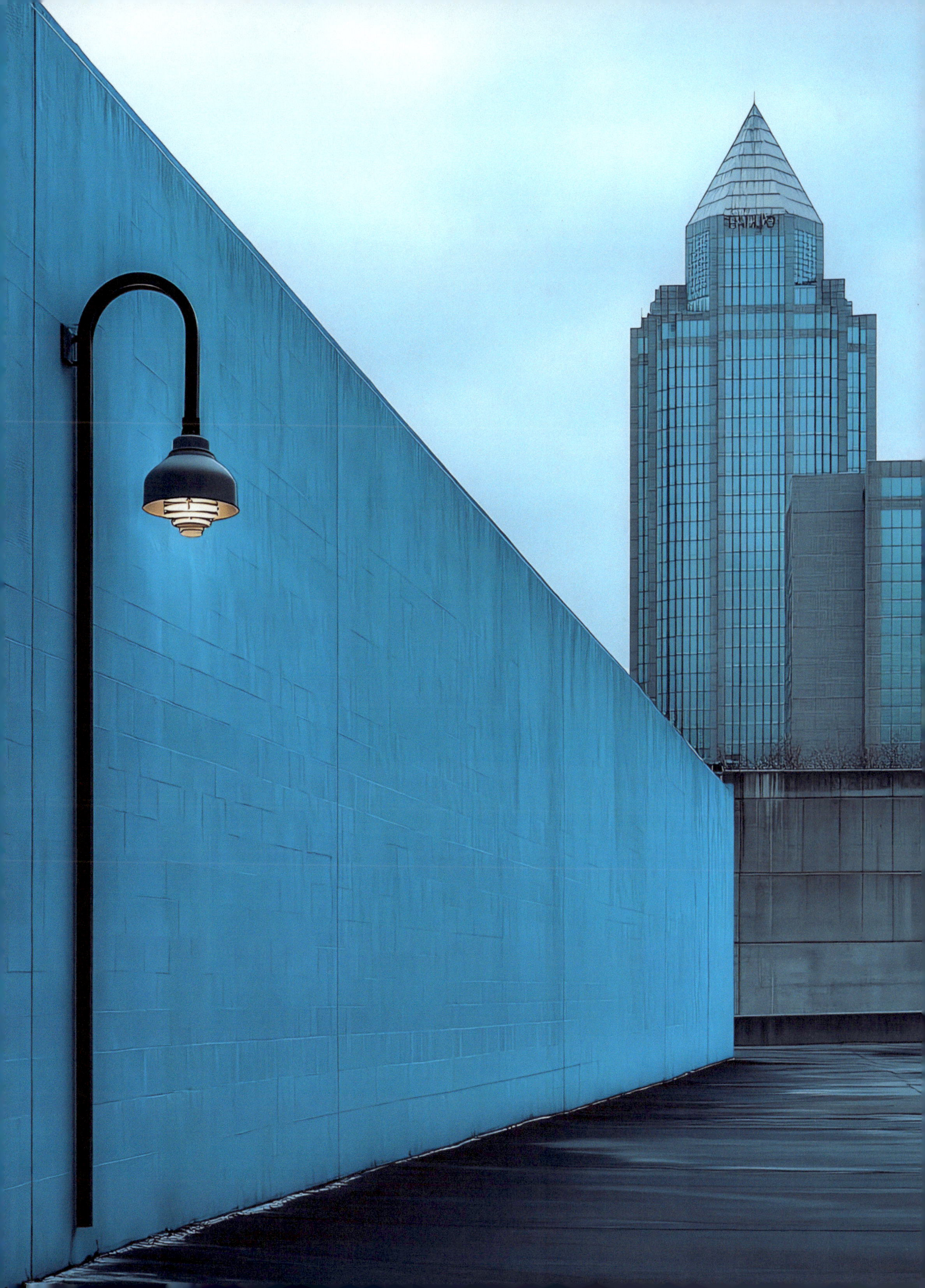

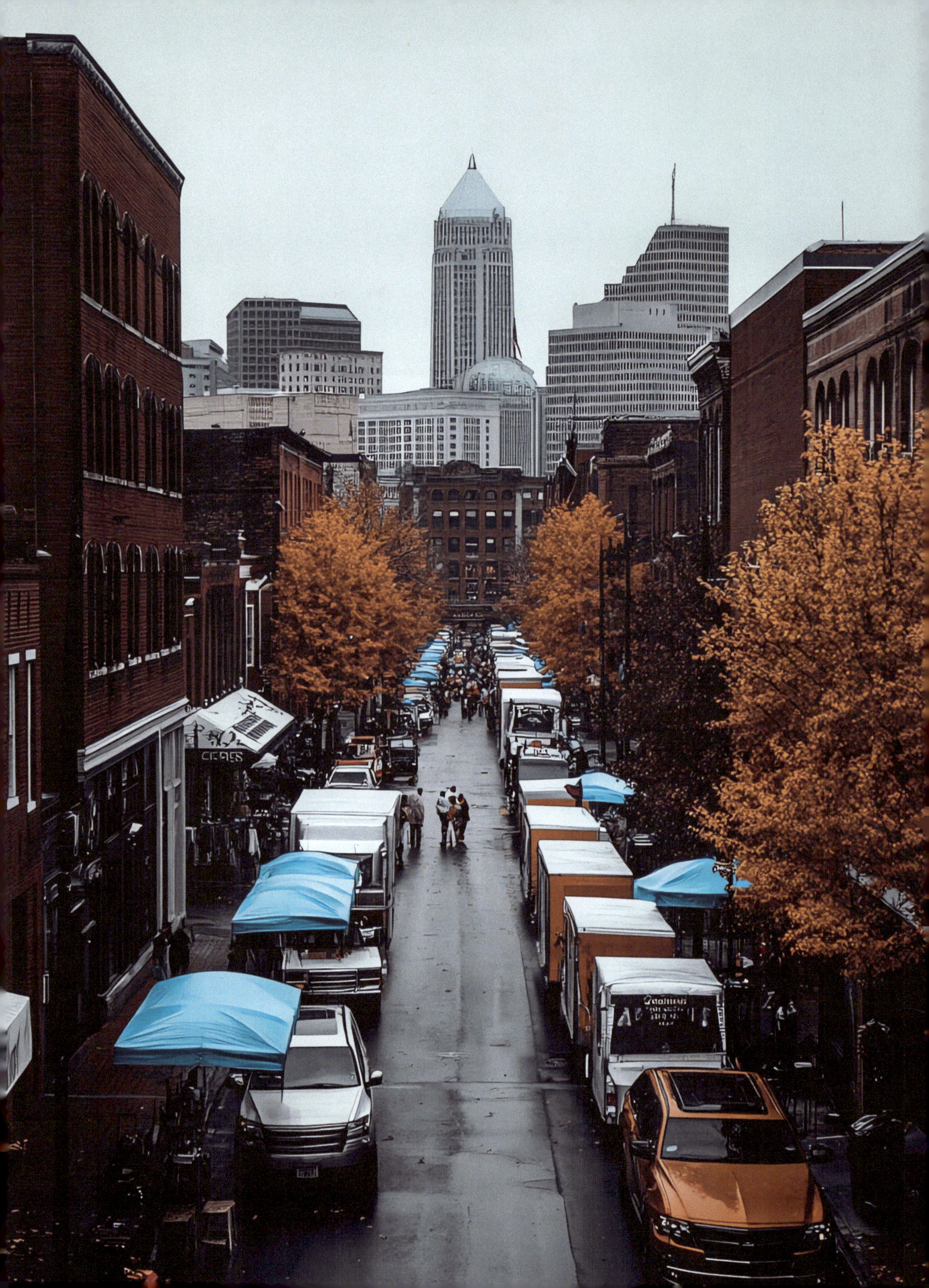

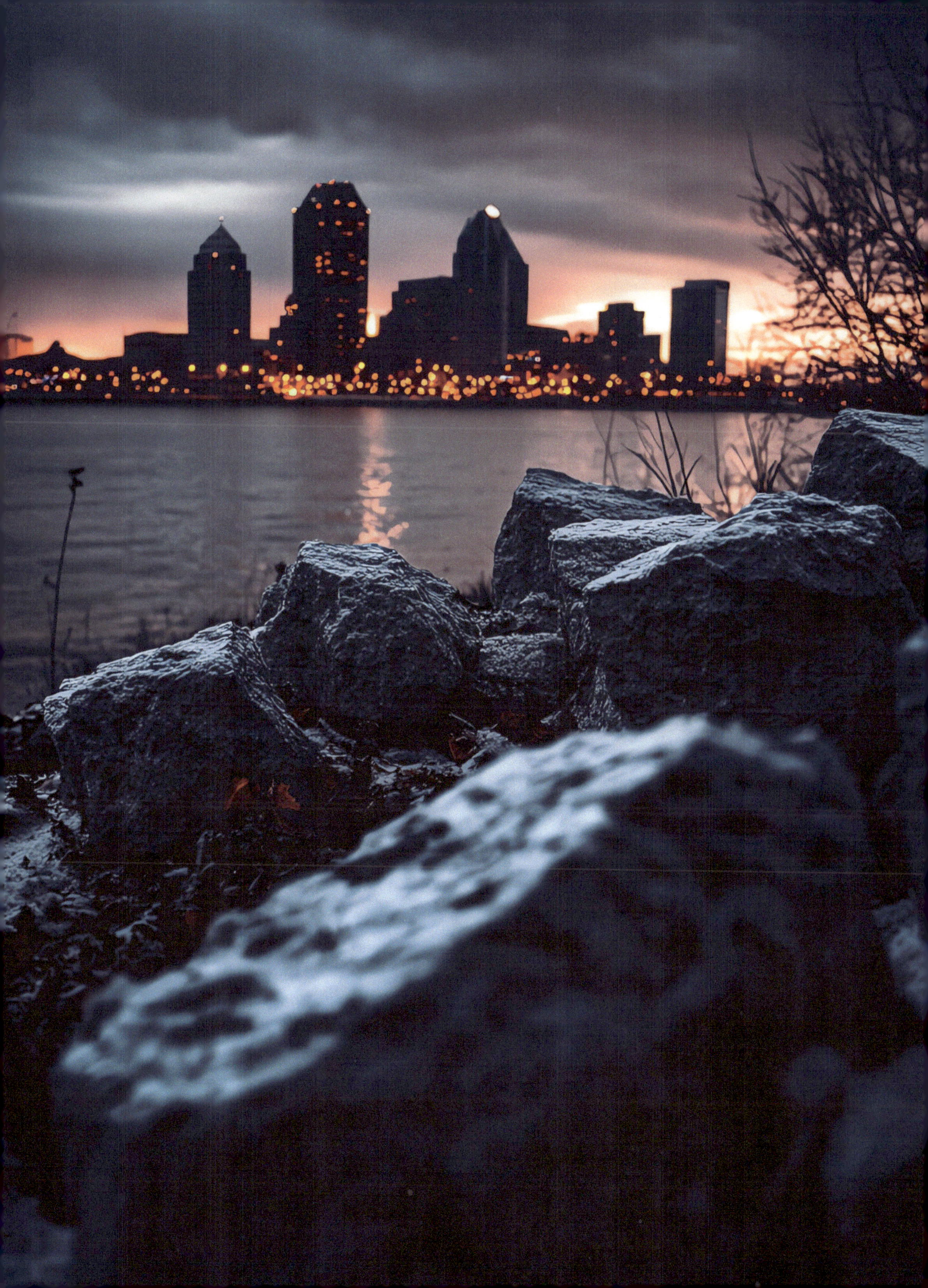

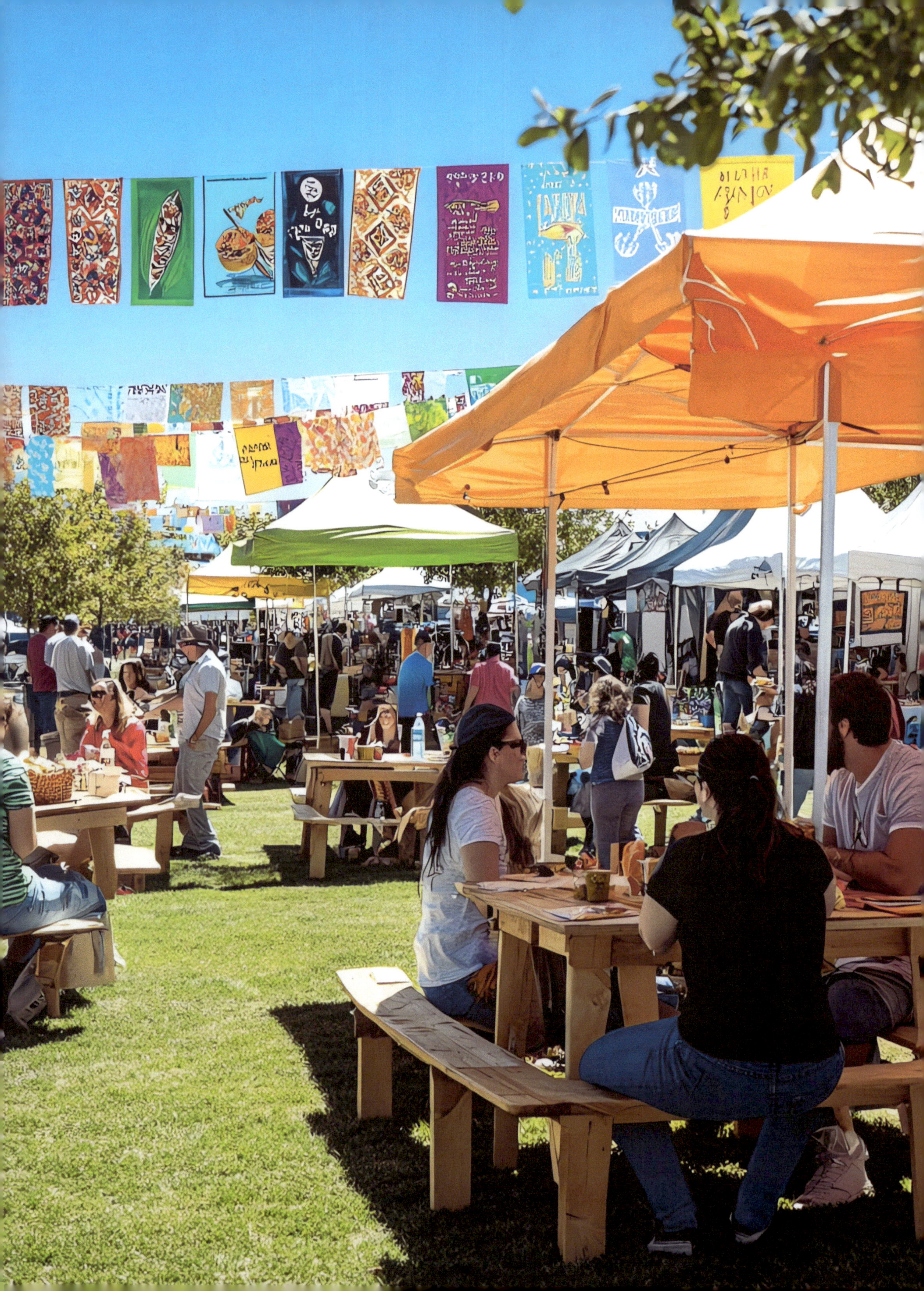

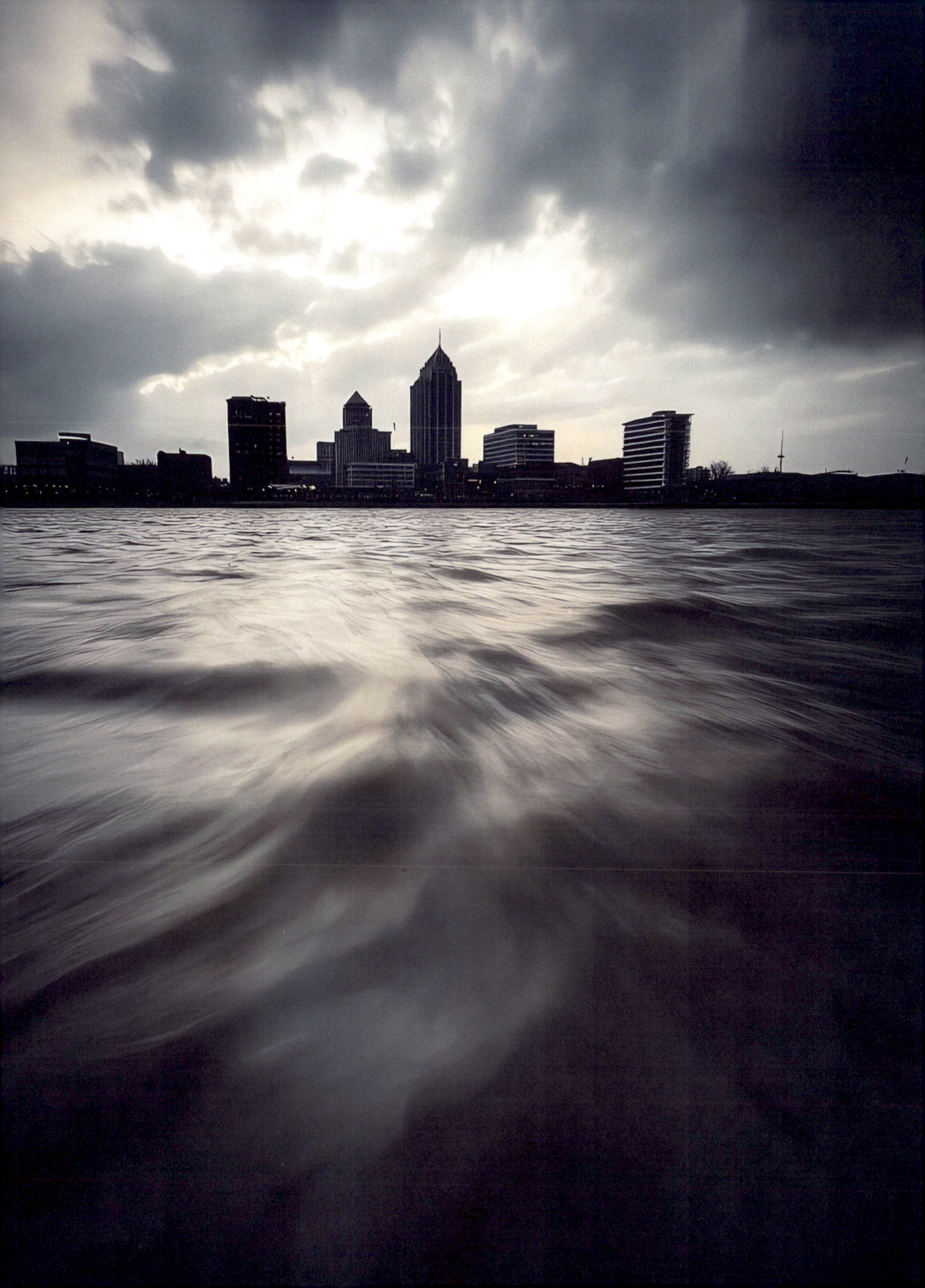

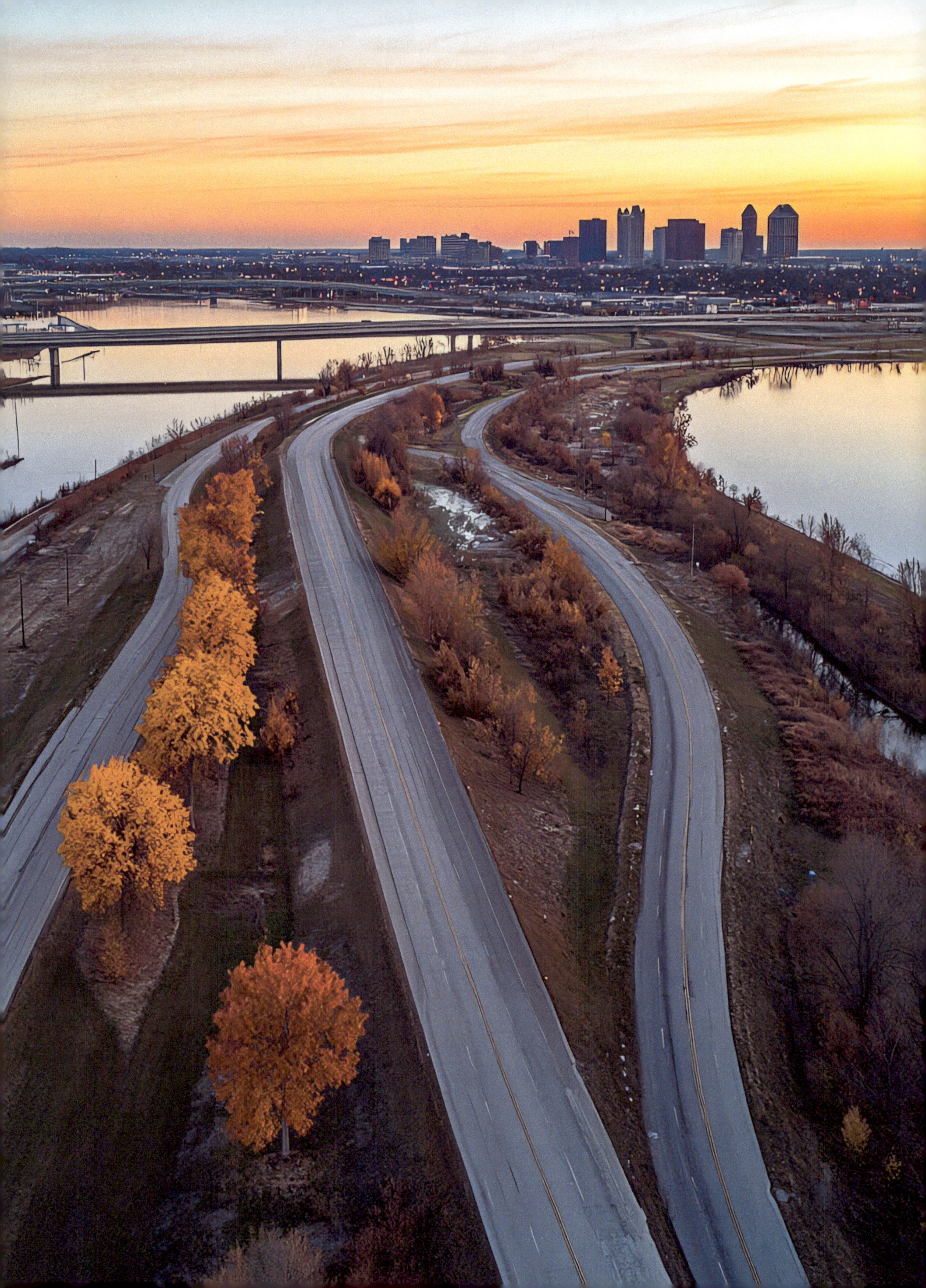

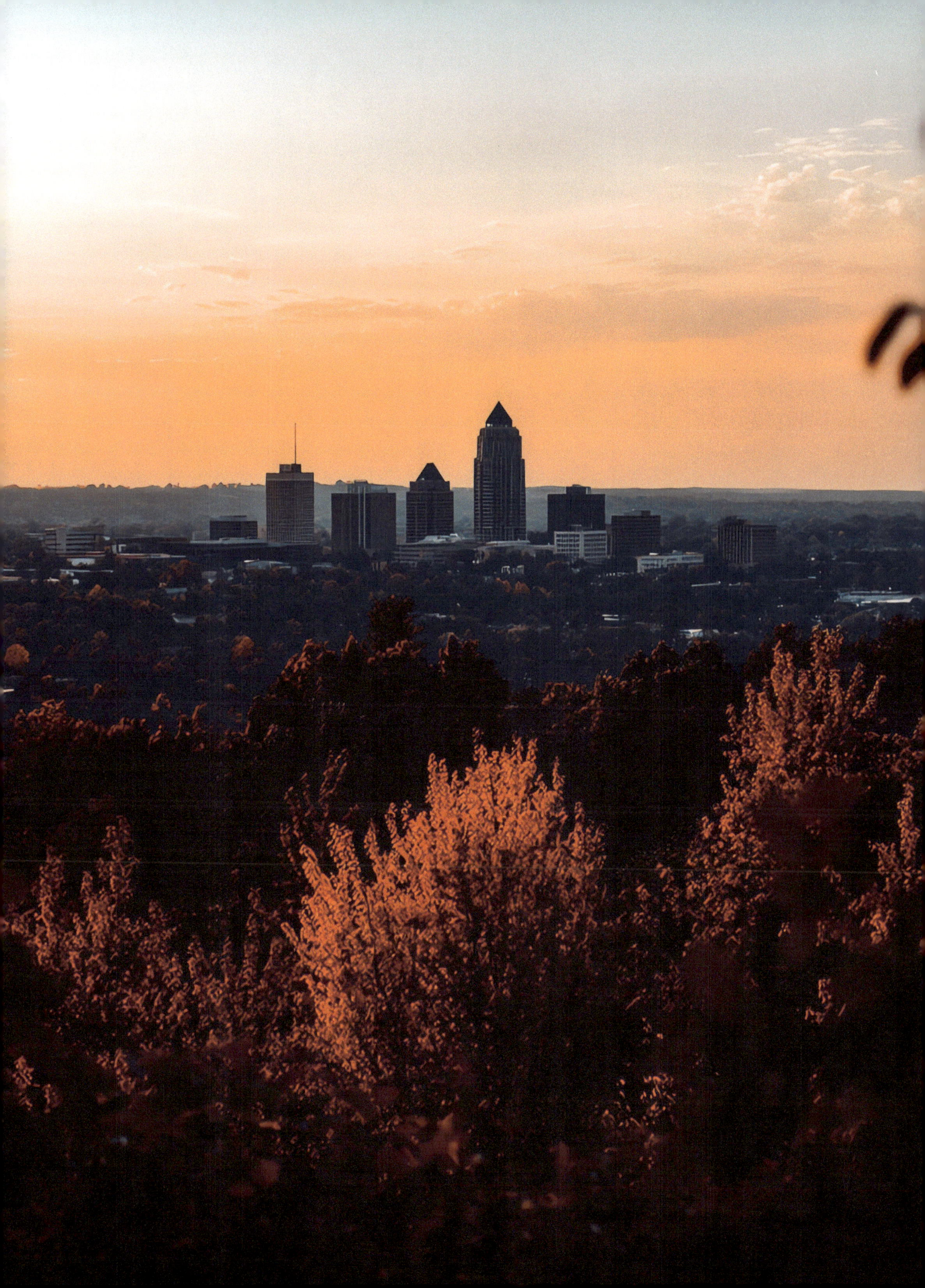

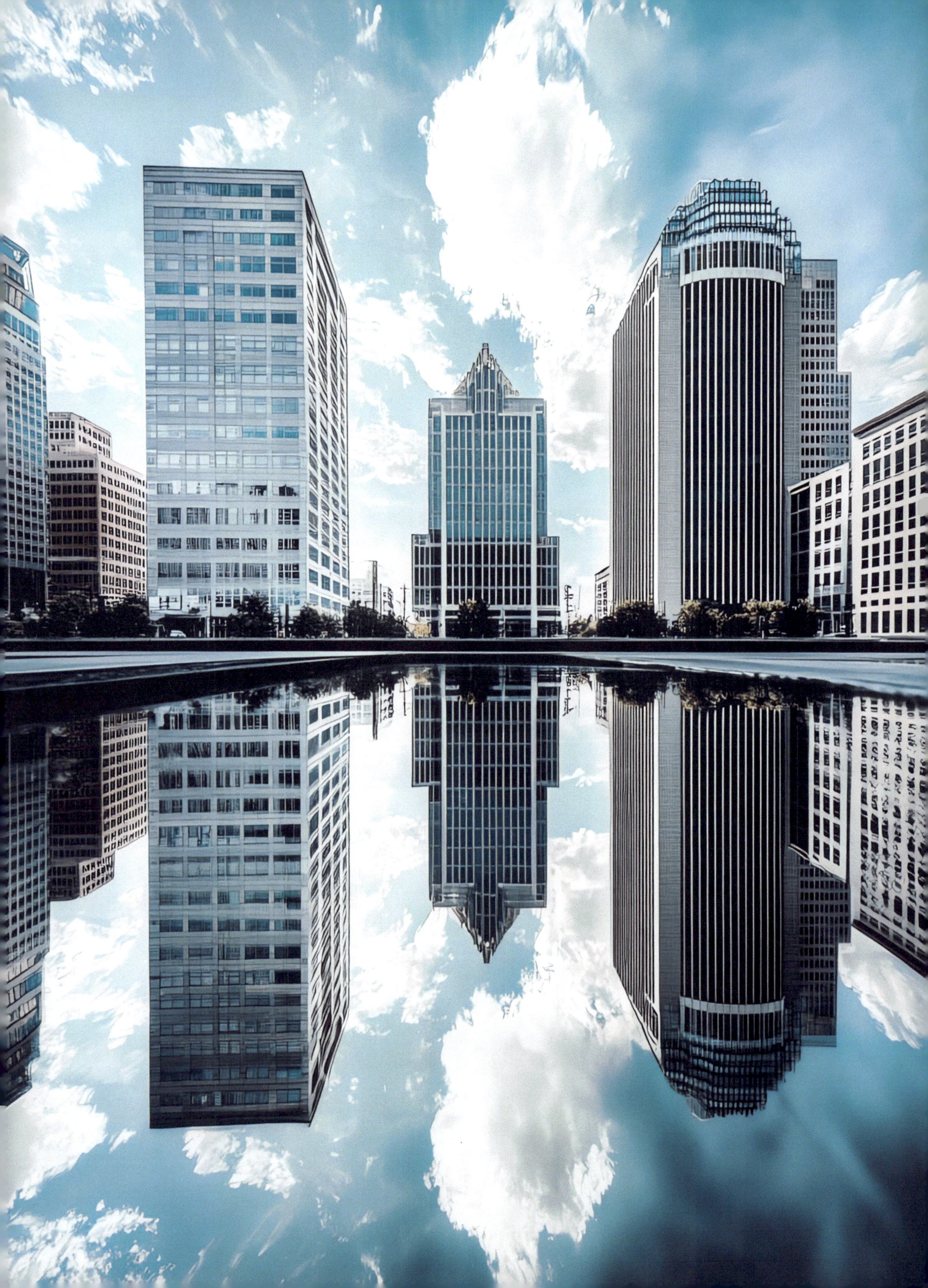

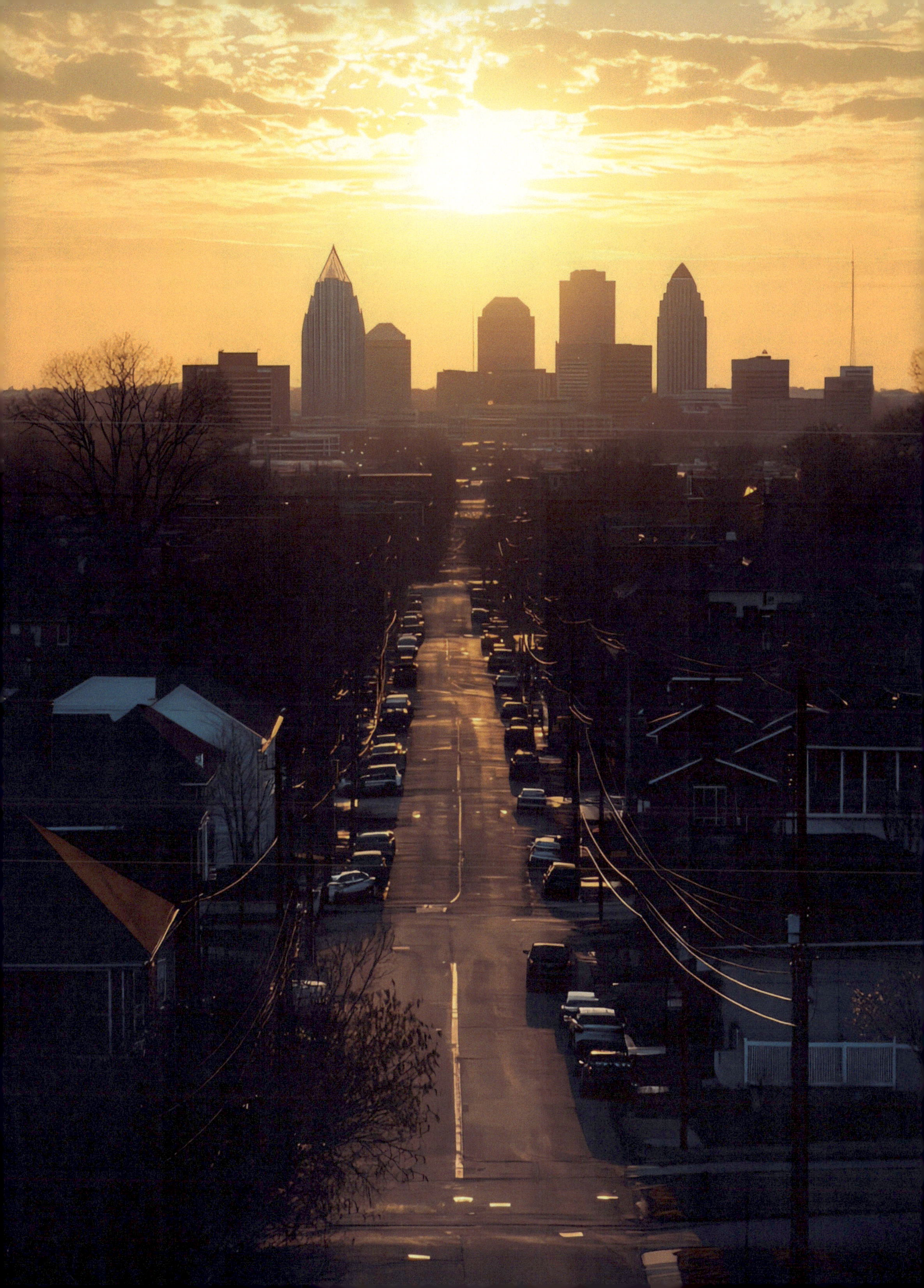

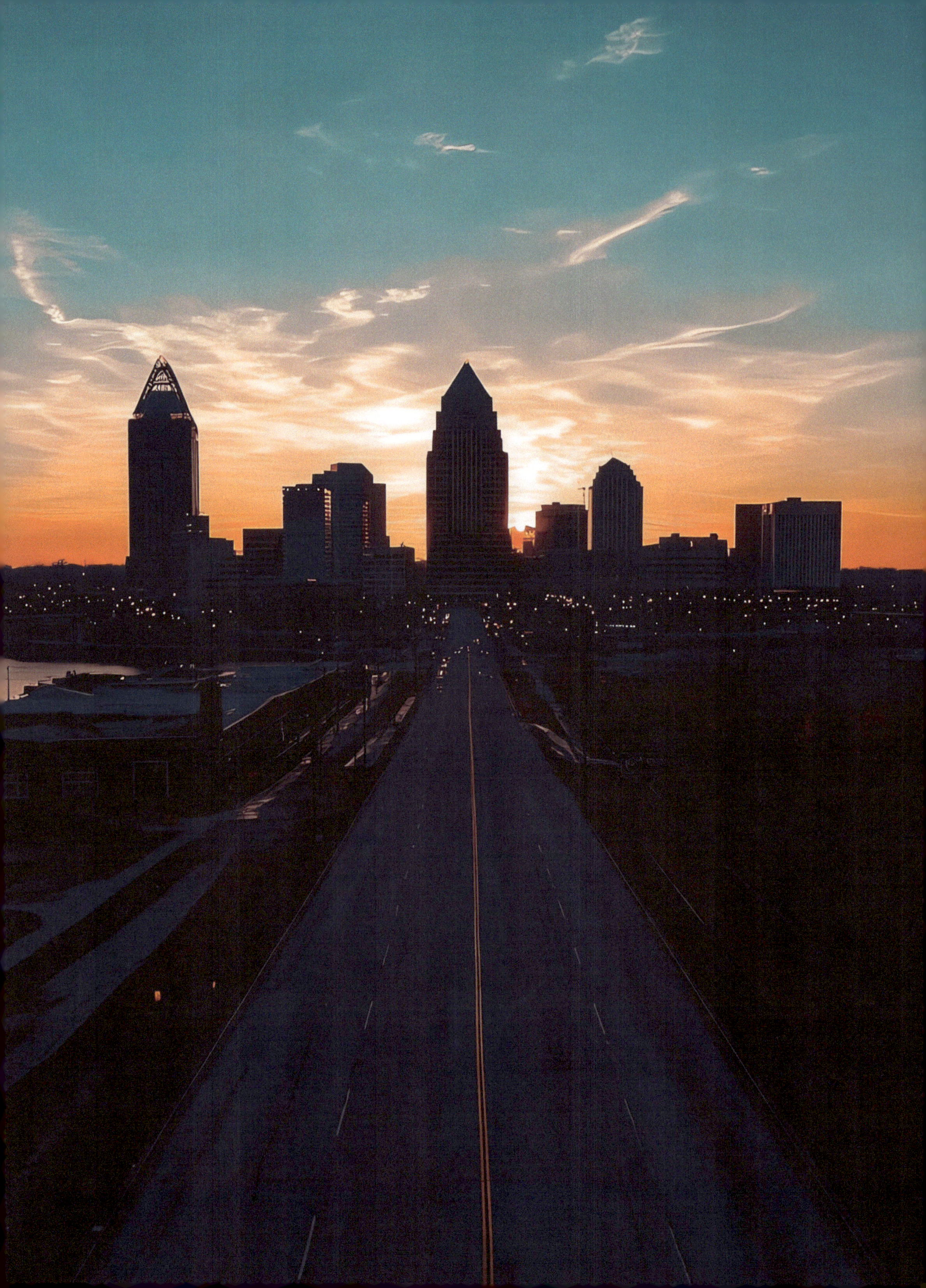

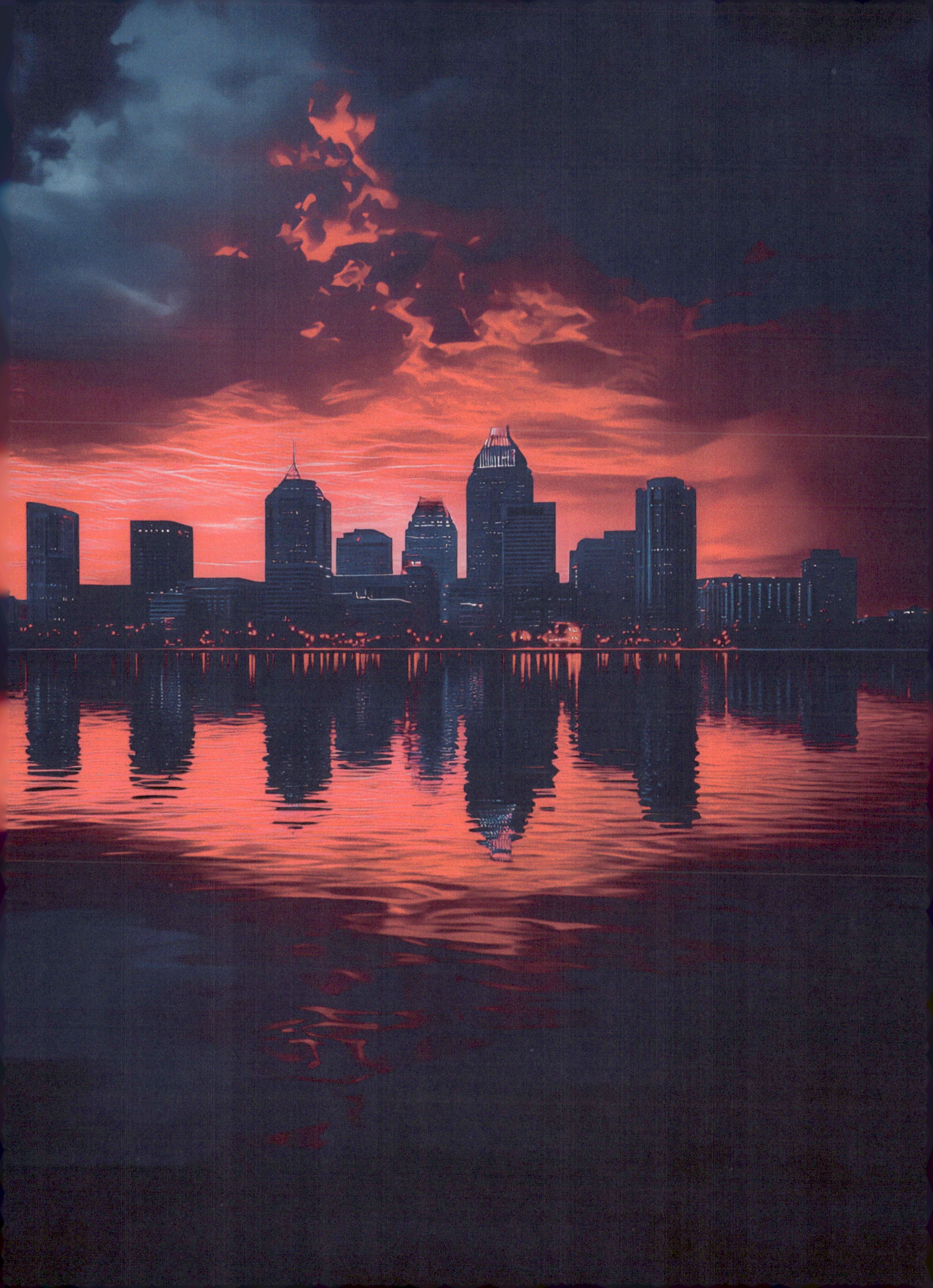

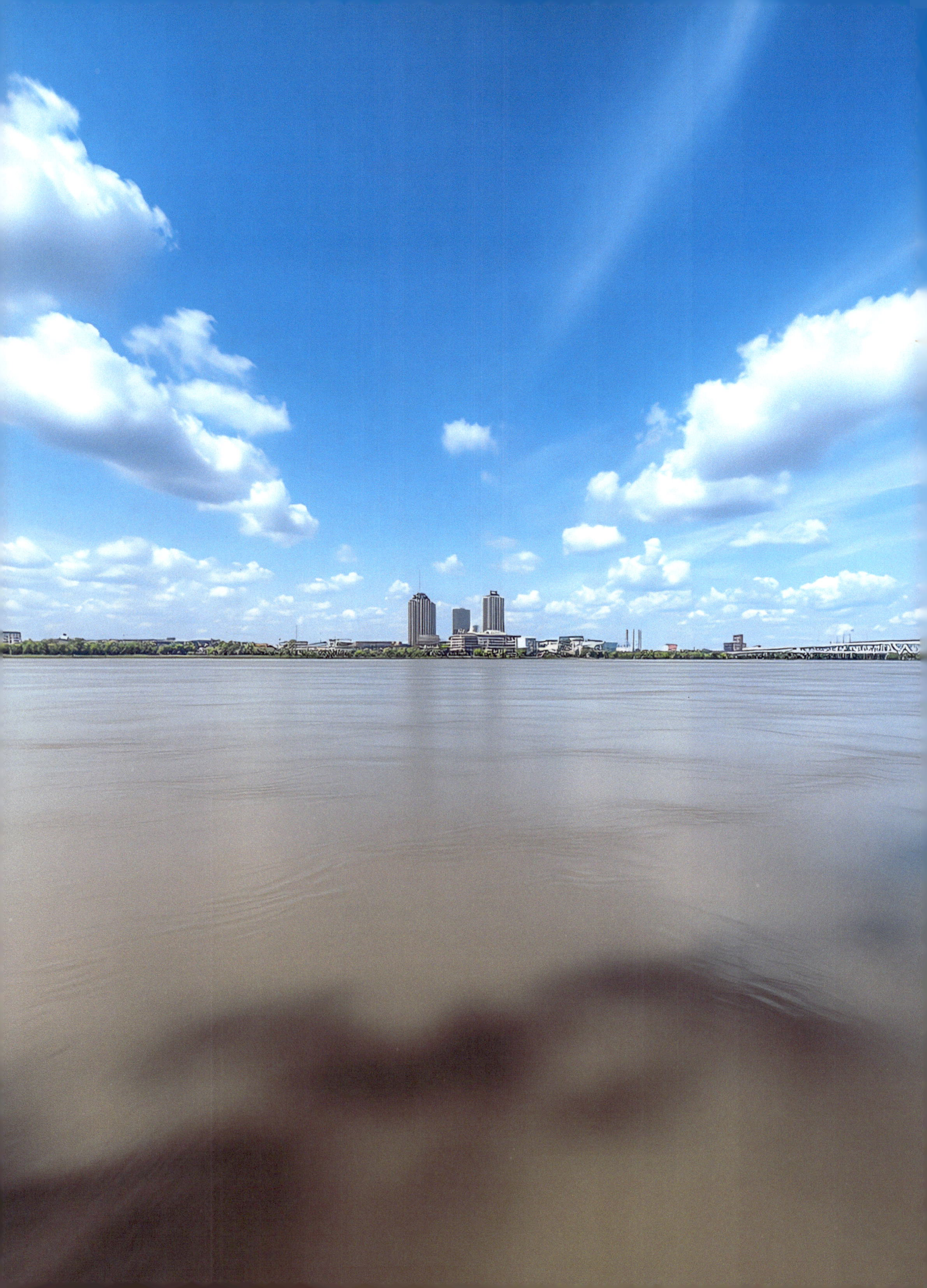

www.ingramcontent.com/pod-product-compliance
Lightning Source LLC
Chambersburg PA
CBHW041933240526
45473CB00034B/1480
* 9 7 9 8 3 0 2 2 7 3 9 0 1 *